I0016820

Raoul Gargiulo

SEO
Copywr-AI-ting

Il framework per creare, ottimizzare e posizionare con successo articoli e prodotti su Google con l'intelligenza artificiale.

ISBN 9798879369335

Copyright © 2024 Seonapsi di Raoul Gargiulo

Prima edizione Luglio 2024

Testi: Raoul Gargiulo
www.seonapsi.com

Illustrazioni: Luigi Massa
www.luigimassa.com

I privilegi dell'elaborazione in qualsiasi formato o opera, della memorizzazione su qualsiasi mezzo, incluso il digitale, su supporti di vario tipo (anche quelli magnetici e ottici), della riproduzione totale o parziale e dell'adattamento attraverso qualsiasi metodo (comprese tecniche microfilmiche o fotostatiche), così come i diritti di noleggio, prestito e traduzione, restano preclusi e custoditi per tutte le nazioni. L'acquisto di questa copia dell'opera non trasferisce o esaurisce tali diritti.
Qualsiasi utilizzo non espressamente autorizzato dall'autore costituisce violazione dei diritti dell'editore e dell'autore ed è sanzionabile sia in campo civile che penale ai sensi della legge "633/1941" e successive modifiche.

Sommario

Introduzione

Scommetto che sei qui perché hai sentito parlare di SEO fin troppe volte, ma ogni volta che provi a capirci qualcosa, ti sembra di navigare in un mare di termini complicati e consigli che cambiano più velocemente del meteo.

O forse sei già un esperto ma hai quella fastidiosissima (ma preziosa) sensazione che ci sia un segreto non ancora svelato e che potrebbe cambiare tutto.

Chiunque tu sia, prenditi un caffè e rilassati.

Ho deciso di scrivere un libro che potesse fungere da guida sia per gli esperti affamati di conoscenza, e sia per chi è alle prime armi ma desidera una procedura chiara su "*come*" scrivere per il web... in un formato comodo da poter essere trasportato a lavoro o tenuto sulla scrivania.

Il titolo di questo libro avrà sicuramente fatto storcere il naso a qualcuno e... sorridere a qualcun altro.

"Il SEO copywriting non esiste!"

Lo sento già gridare da qualcuno in prima fila.

Il dibattito sull'esistenza del "*SEO copywriting*" sorge dall'idea che un buon copywriting (riferito alla scrittura per il web) dovrebbe già incorporare pratiche SEO, rendendo il termine potenzialmente ridondante.

Dato che i motori di ricerca come Google enfatizzano sempre più la qualità e il contesto del contenuto rispetto alle tattiche SEO tradizionali, alcuni vedono il "*SEO copywriting*" come una contraddizione, argomentando che la scrittura efficace dovrebbe mirare innanzitutto a soddisfare le esigenze dell'utente piuttosto che adattarsi ad algoritmi.

Il passo è breve e si arriva velocemente alle affermazioni che il SEO Copywriter è un unicorno, non esiste.
"Esiste il SEO specialist che ha competenze di scrittura o il Copywriter con competenze SEO, punto."

Il titolo di questo libro è volutamente provocatorio, e non è l'ennesimo trattato "*accademico*" sulla SEO che ti farà saltare tutti i capitoli per arrivare alla ciccia.

Questo libro racchiude una ricetta, un algoritmo.
Contiene il processo esatto che utilizzo personalmente per posizionare in prima pagina articoli e prodotti.
È un "*Framework*", una struttura di supporto su cui possono essere costruiti ulteriori sviluppi; è un insieme di concetti o pratiche che forniscono una guida, ma lasciano spazio per l'adattamento e l'innovazione. Potrai implementare questa guida con le tue conoscenze e le tue esperienze, rendendo unico il tuo processo.

Ti porterò a caccia degli intenti dietro ogni ricerca, svelando un mondo in cui "*Che pizza mangiare stasera?*" diventa la chiave per connetterti con il tuo pubblico.
Un semplice "*Come?*" può rivelarsi in un'opportunità d'oro per coinvolgere e informare.

Ogni articolo o prodotto che andrai a creare, sia esso descrittivo o persuasivo, sarà una nuova freccia per il tuo arco. Questo libro ti aiuterà a giocare con il testo come un vero artista e fare in modo che ogni media nel tuo contenuto non sia solo bello da vedere, ma anche perfettamente implementato. Mi raccomando, non saltare i consigli su come evitare il plagio (come se fosse la peste).

E per finire in bellezza, **un pizzico di intelligenza artificiale** (beh, non proprio un pizzico), perché in un mondo che cambia alla velocità della luce, restare aggiornati è più che una necessità...

Se non ci divertiamo facendo quello che amiamo, che gusto c'è?

Ricorda, la SEO non è un mostro sotto al letto; è semplicemente un amico che non hai ancora imparato a conoscere...ma dal carattere mutevole.

Ci tengo a precisare che, i più esperti lo sapranno già, **non basta scrivere contenuti eccezionali** per posizionare un sito web. Per garantire il successo di un progetto SEO, è cruciale integrare una gamma completa di strategie, tra cui l'internal linking, la ricerca di parole chiave, la SEO on-site e off-site, giusto per dirne alcune. Questi elementi sono essenziali e non possono essere trascurati. Queste pagine si concentrano esclusivamente su un aspetto fondamentale, la scrittura di contenuti ottimizzati per il posizionamento.

Per rendere la lettura più scorrevole e compatta, questo libro non coprirà ogni dettaglio, darò per scontato che sei al corrente delle fondamenta della SEO: una solida comprensione dei suoi principi essenziali. Tuttavia, durante la lettura ho inserito alcune note per aiutare i meno esperti.

Questo libro può rivelarsi la chiave per sbloccare il vero potenziale del tuo contenuto, il primo passo... però, spetta a te!

Cosa troverai in questo libro

Ho deciso di mettere nero su bianco una parte di quello che insegno durante le mie lezioni su SEO e sviluppo con Wordpress. Una guida scritta che delinea un **percorso chiaro e accessibile** per chiunque desideri emergere sui motori di ricerca.

Attraverso una spiegazione metodica e dettagliata, ti porterò passo dopo passo attraverso il medesimo processo che applico per assicurarmi che i miei articoli conquistino le ambite prime pagine su Google.

Normalmente parto con **un'infrastruttura SEO solida**; l'esperienza mi insegna che i siti strutturalmente più sani tendono a raggiungere performance superiori.
Devo dire però che *non è la regola* e spesso non mancano casi in cui ho ottenuto eccellenti posizionamenti con domini ancora giovani, addirittura con meno di un anno di attività alle spalle.

Questo dimostra che, nonostante il tuo sito possa non essere perfettamente ottimizzato secondo i canoni SEO, le vette del successo sui motori di ricerca restano alla portata.

Come puoi vedere dal grafico qui in basso questo sistema non solo è riuscito a far arrivare in prima pagina un articolo scritto con questo metodo... ma il suo posizionamento si è dimostrato costante nel tempo.

La keyword è *"champagne più costoso"*, transazionale e con volume medio di 1.60k (dati di Seozoom al 18 feb 2024), non proprio una passeggiata di salute ma nonostante ciò il posizionamento è arrivato.

Risultato di un articolo scritto con questo framework

Questo framework si adatta quasi a tutti i settori (le eccezioni esistono sempre), ecco un altro esempio.

Per un altro sito, la kw (keyword) *"startup significa"*, volume medio 2.40k con intento informazionale (dati di Seozoom al 18 feb 2024); l'articolo è riuscito ad entrare nella top 10 e confrontarsi con colossi del calibro di Treccani, Wikipedia e Repubblica.

Come si può osservare dal grafico successivo, dopo un primo periodo di valutazione da parte di utenti e motori di ricerca, l'articolo si è posizionato stabilmente.

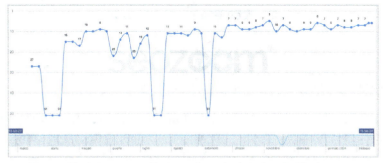

Risultato per un articolo con focus kw " startup significa"

Il posizionamento di questo articolo è sicuramente migliorabile potenziando il contenuto congiuntamente ad altre attività SEO e di marketing (condivisione social e linkbuilding per esempio).

Per offrirti una visione completa, ecco il risultato dell'uso di questo metodo sul blog di un sito web.

Aumento del traffico da 500 visite/mese a oltre 3k

La freccia indica il momento in cui questo framework è stato applicato per la creazione degli articoli.

La frequenza degli articoli è stata di **uno al mese**, talvolta anche meno. Il traffico è aumentato in modo naturale (senza backlink e condivisione social) da 500 visite al mese a oltre 3000… **resistendo agli aggiornamenti dell'algoritmo** di Google che ha penalizzato (come i più esperti sapranno) moltissimi siti web.

Questo caso studio risulta **particolarmente adatto alle esigenze di una PMI italiana** media che destina risorse limitate a iniziative di marketing digitale e innovativo, come l'attività di blogging. Quando questa stessa tecnica viene applicata a pubblicazioni come magazine o progetti editoriali più rilevanti, che prevedono aggiornamenti più frequenti e l'adozione di strategie SEO integrate con altri strumenti di marketing, i risultati tendono ad essere ancora più gratificanti.

Va sottolineato nuovamente che questo metodo, pur essendo efficace, non è sufficiente da solo. Per ottenere i migliori risultati, è essenziale integrarlo con altre pratiche fondamentali, che comprendono sia strategie SEO on-site sia quella off-site, che altre attività di marketing digitale.

Questo caso studio si rivela esemplare: in questa situazione, l'attività di blogging costituisce l'unico intervento di marketing eseguito sul sito web, dimostrandosi efficace nel migliorare l'indicizzazione, il posizionamento e nell'acquisizione di lead qualificati, producendo risultati tangibili e positivi.

Perché questo framework piace sia ai motori di ricerca che ai visitatori?

Questa domanda dovrebbe, a questo punto, frullarti in testa molto molto velocemente.

Presto detto, questo framework collaudato permette di creare dei contenuti altamente ottimizzati sia per i motori di ricerca che per i visitatori.

L'aspetto ancora più gustoso è che permette di realizzare un buon numero di articoli in poco tempo.

*La **pubblicazione costante** è un fattore altamente considerato dai motori di ricerca.*

Questo metodo riesce a semplificare e attuare **quello che fa la differenza** nella creazione di contenuti:

- **L'analisi**;
- **L'ottimizzazione** del contenuto;
- La **frequenza di pubblicazione**.

Beninteso, questo libro non ti dirà su cosa o come scrivere. Questa competenza è il biglietto d'entrata che dovresti già avere in tasca.

È una mappa del tesoro: una **metodologia strutturata** per creare contenuti che non solo emergono dall'abisso digitale ma ambiscono a raggiungere vertici di visibilità nei risultati dei motori di ricerca.

La chiave del successo, però, è tutta nelle tue mani.
O meglio, nella tua... tastiera.

Sarà il tuo tocco artistico a trasformare semplici visitatori in follower, iscritti o clienti. Sei tu a decidere la direzione: che sia catturare un clic su un banner, incoraggiare l'iscrizione a una newsletter o convincere all'acquisto di un prodotto, il potere delle parole è tuo.

Usalo saggiamente.

La scrittura per il web... SEO oriented

Mettiamola così, "*SEO copywriting*" è un termine che può far storcere parecchi nasi. Anche io, per un bel po' di tempo, ho alzato il sopracciglio ogni volta che lo sentivo pronunciare.

Il mondo digitale, un po' come noi dopo troppi caffè, non sta mai fermo; si trasforma, evolve, si rigira nel letto delle infinite possibilità e **ricostruisce sé stesso**.
Nuove tecnologie spuntano fuori come funghi dalla sera alla mattina, strategie innovative e sì, anche nuovi termini per vecchie amicizie.

Forse è giunto il momento di rimuovere questa connotazione negativa, trasformando il "*SEO copywriting*" in un potente alleato.

E forse, sempre forse... in un contesto in continuo cambiamento, dovremmo iniziare a parlare di "***SEO Copywr-AI-ting***"?...

Si potrebbe scoprire che è già tempo di accogliere un concetto ancora più sfidante.

Cos'è la scrittura per il web?

Se volessimo semplificare tutto in una frase, diremmo che la scrittura per il web è l'arte di scrivere contenuti che piacciono sia ai lettori che ai motori di ricerca.

È una sorta di bilanciamento.

Da un lato, vuoi dare ai tuoi lettori contenuti coinvolgenti e convincenti. Dall'altro desideri che il tuo contenuto venga notato, adorato e promosso dai motori di ricerca.
Immagina di avere due pubblici distinti.

Il primo è fatto da persone vere e proprie, come te, me e la signora Giuseppina che vive al piano di sopra. Queste persone vogliono leggere qualcosa che risponda alle loro domande, che le intrattenga, che le emozioni o che le spinga ad agire.

Il secondo pubblico è composto da creature di silicio e byte, invisibili agli occhi umani, ma non meno importanti. Stiamo parlando degli algoritmi dei motori di ricerca. Questi algoritmi sono programmati per individuare e promuovere contenuti di qualità che rispondano alle ricerche degli utenti.

 QUERY è un termine o una frase che gli utenti inseriscono in un motore di ricerca per trovare informazioni su Internet.

La scrittura per il web è un'arte e una scienza, tutto avvolto in uno. È l'abilità di scrivere qualcosa che attrae non solo l'occhio umano ma anche quello dei nostri complicati e amati motori di ricerca.

Ecco le brutte notizie, come tutte le cose meravigliose nella vita, non è un qualcosa che si può afferrare con facilità. Bisogna avere la pazienza di un pescatore e l'inventiva di un chef stellato.

Sto parlando di testi che catturano l'attenzione come un faro nella notte, che fanno clic nell'immaginazione del lettore e lo trasportano in un viaggio, magari verso una conversione.

> *Una **conversione** è l'azione specifica che il visitatore del sito web compie in risposta a una tua richiesta o invito, come un acquisto, un'iscrizione o un download, che soddisfa l'obiettivo del tuo business online.*

Ma parlo anche di algoritmi, keyword density, SEO tecnica, contenuti che fanno cantare di gioia i motori di ricerca.

Essenzialmente, con la scrittura per il web, stai parlando alle persone e ai motori di ricerca allo stesso tempo.
Se riesci a padroneggiare quest'arte, hai davvero un tesoro nelle tue mani.

Perché è importante la scrittura SEO Oriented?

La scrittura SEO oriented è fondamentale per garantire la visibilità e il successo del tuo contenuto online.

In un mondo dove migliaia di informazioni vengono caricate su Internet ogni secondo, l'ottimizzazione per i motori di ricerca (SEO) diventa l'ancora di salvezza che **impedisce al tuo contenuto di affondare nell'oceano digitale**.

Grazie alla SEO potrai posizionare strategicamente il tuo contenuto nelle prime posizioni dei risultati dei motori di ricerca, portando a un aumento del traffico verso il tuo sito aumentando interazioni, conversioni e autorevolezza.

A prescindere dal settore e dalla tipologia di business, posizionare il proprio sito per kw rilevanti è di vitale importanza. Ad esempio **se hai un ecommerce** potresti curare un blog che intercetta le ricerche sui prodotti in modo da veicolare poi il traffico all'acquisto.

Oppure **hai un sito aziendale** e vuoi intercettare possibili clienti interessati ai tuoi servizi, stessa cosa, con un blog puoi intercettare le ricerche dei tuoi possibili clienti.

Se hai un **magazine o un blog** allora questa procedura per te sarà davvero super utile se non vitale per il successo del sito!

L'infografica che segue mostra il processo ideale di conversione in cui un utente cerca di soddisfare il suo bisogno di informazioni cercando su Google una possibile fonte. Clicca su uno dei risultati meglio posizionati e dopo aver letto il contenuto sceglie di acquistare il libro proposto al suo interno.

Nella realtà la percentuale di conversione è molto ridotta e dipende da altri fattori come l'autorevolezza percepita, la fiducia, la qualità del contenuto e tanti tanti altri. Il contenuto da solo fa tanto, è vero, ma deve essere accompagnato da altre attività per essere efficace al 100%.

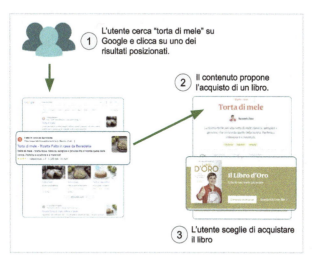

Percorso ideale di conversione

Le difficoltà non si concludono qui, purtroppo (o per fortuna) esistono argomenti sensibili (YM YL) e settori davvero ostici che rendono molto difficile la penetrazione delle SERP.

YMYL è l'acronimo di "Your Money or Your Life", utilizzato da Google per indicare i tipi di contenuti che possono influenzare direttamente la vita finanziaria, la salute o il benessere generale di un individuo. Questi contenuti devono fornire informazioni precise, affidabili e di alta qualità, poiché Google li valuta con standard particolarmente rigorosi da un punto di vista SEO.

Scrivere articoli di alta qualità è solo la punta dell'iceberg nel vasto mondo della SEO Copywr-AI-ting. Il posizionamento nei motori di ricerca non dipende unicamente dalla qualità del contenuto, ma include una moltitudine di altri fattori: ottimizzazione delle parole chiave, user experience, velocità di caricamento del sito, mobile-friendliness, link building autorevole e social signal... tra gli altri.

La SEO è un insieme complesso di tecniche e strategie che lavorano in sinergia per migliorare la visibilità e l'autoritorevolezza online, articoli ben scritti aiutano molto solo se ben inseriti in una strategia.

Note sull'Intelligenza Artificiale nella Scrittura per il Web

L'Intelligenza Artificiale ("*IA*" in italiano e "*AI*" in inglese) si riferisce a sistemi o macchine che simulano l'intelligenza umana per eseguire compiti e possono migliorare iterativamente basandosi sulle informazioni che raccolgono.

Nella scrittura web, l'IA utilizzata è di tipo generativo. Può essere utilizzata per generare contenuti, proporre modifiche basate su precedenti pattern di successo, fare analisi e analizzare grandi volumi di dati per prevedere le tendenze dell'engagement del pubblico.

Esistono diversi strumenti basati sull'IA che aiutano nella generazione di contenuti web. Questi strumenti, come ChatGPT di OpenAI, possono produrre testi coerenti e persuasivi basandosi su una prompt fornito dall'utente. Sono capaci di scrivere post blog, script per video, annunci pubblicitari o social post. Come se non bastasse possono imparare dai feedback per perfezionare i contenuti secondo specifici obiettivi di marketing.

Benefici e limitazioni dell'IA generativa nella scrittura per il web

l'IA può drammaticamente aumentare la produttività nella scrittura web e offrire insights preziosi, il suo utilizzo dovrebbe essere integrato con un tocco umano esperto per assicurare che i contenuti rimangano veri, rilevanti e profondamente connessi con il pubblico.

Tradotto in parole semplici, l'efficacia dell'Intelligenza Artificiale cresce proporzionalmente alla competenza di chi la impiega.

Benefici e limitazioni:

- **Efficienza**: Generazione di contenuti in brevi tempi.
- **Scalabilità**: Capacità di produrre grandi volumi di contenuti senza compromettere la qualità.
- **Personalizzazione**: Adattamento del contenuto alle preferenze degli utenti.
- Limitazioni:
- **Mancanza di empatia**: L'IA può non cogliere sfumature emotive delicate che un autore umano, al contrario, noterebbe.
- **Dipendenza dai dati**: La qualità dell'output è spesso limitata dalla qualità dei dati di input.
- **Creatività limitata**: Mentre l'IA può imitare stili e formati, la vera creatività umana è spesso superiore in termini di originalità e innovazione.
- **Impedimenti strutturali**: non riesce, per il momento, in operazioni banali come contare il numero di parole in una pagina.

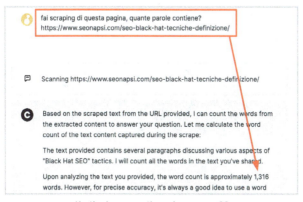

L'articolo ne contiene, invece, 2.568

È possibile ottenere ottimi risultati utilizzando la tecnica mista human+AI, spiegata in questo libro, che ha raggiunto risultati notevoli.

Qui sotto una screen di un sito per il quale è stato attivato un blog interamente scritto con questa tecnica (1 articolo/mese).

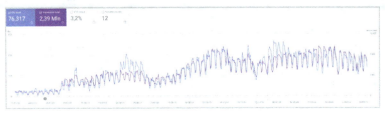

I risultati di questa tecnica su un blog YM YL

I risultati non sono tardati ad arrivare considerando che il settore non è dei più semplici (salute e benessere) perché strettamente regolamentato dallo Stato Italiano e da Google.

il sito si focalizza su temi **YM YL (Your Money Your Life)**, che sono sottoposti a un controllo particolarmente rigoroso da parte dei motori di ricerca.

I motori di ricerca esercitano un controllo rigoroso sui contenuti YMYL (Your Money Your Life) per assicurarsi che le informazioni critiche per salute e finanze degli utenti siano accurate e provenienti da fonti autorevoli.

Ma Google è favorevole ai contenuti scritti con l'Intelligenza artificiale?

Google ha un atteggiamento positivo verso l'intelligenza artificiale. Lo conferma il team di Google stesso, che discute l'argomento in dettaglio sul blog ufficiale dedicato al motore di ricerca, fornendo approfondimenti e linee guida.

I contenuti AI violano le linee guida della Ricerca Google?

L'uso appropriato dell'IA o dell'automazione non viola le nostre linee guida. Ciò significa che non vengono utilizzati per generare contenuti il cui scopo principale è manipolare il ranking dei risultati di ricerca, che è in contrasto con le nostre norme relative allo spam.

Google dice SI ai contenuti scritti con le AI

Panoramica del Framework

Iniziamo questo viaggio con il piede giusto, una bella panoramica degli step principali è quello che ci vuole per visualizzare il percorso da seguire.

Questa che ti stai accingendo a leggere è una vera e propria procedura applicabile a tutte le tipologie di settori.

Prima di immergersi nella scrittura è fondamentale dedicarsi alla ricerca accurata delle parole chiave. Come già accennato, dovrai già possedere una chiara comprensione dell'argomento su cui intendi scrivere e delle parole chiave pertinenti al tuo progetto, quelle per cui aspiri a conquistare le prime posizioni nei risultati di ricerca.

Se non dovesse essere così, nel paragrafo del primo step ti illustrerò dei modi facili per cominciare a selezionare delle parole chiave con le quali fare i tuoi primi esperimenti.

Il grafico sottostante offre una panoramica delle fasi chiave del processo.

Il simbolo 🕴 segnala le tappe gestibili da una persona, mentre il simbolo 🔴 evidenzia quelle fasi in cui è possibile utilizzare un software di intelligenza artificiale.

In due fasi però, 🕴 e 🔴, dovranno unire le forze per ottenere un risultato degno di nota!

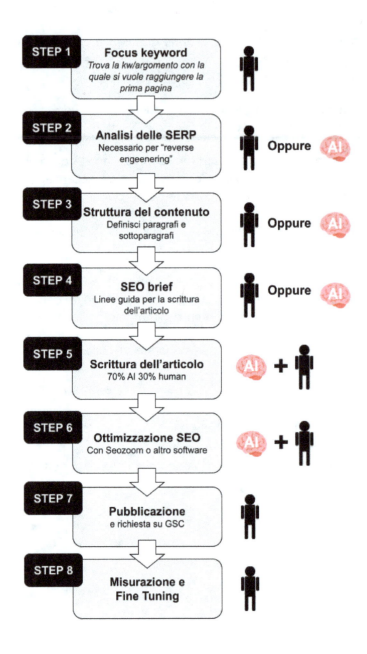

STEP 1

Focus keyword
Trova la kw/argomento con la quale si vuole raggiungere la prima pagina

STEP 2

Analisi delle SERP
Necessario per "reverse engeenering"

Oppure

STEP 3

Struttura del contenuto
Definisci paragrafi e sottoparagrafi

Oppure

STEP 4

SEO brief
Linee guida per la scrittura dell'articolo

Oppure

STEP 5

Scrittura dell'articolo
70% AI 30% human

+

STEP 6

Ottimizzazione SEO
Con Seozoom o altro software

+

STEP 7

Pubblicazione
e richiesta su GSC

STEP 8

Misurazione e Fine Tuning

La regola d'oro

Prima di iniziare il percorso c'è un concetto di fondamentale importanza che dovrà echeggiare nella tua mente durante tutto il processo.

Immagina i motori di ricerca come fossero degli inesauribili dispensatori di risposte.

Adesso immagina milioni di persone in tutto il mondo che li "*bombardano*" di domande, sperando di trovare la risposta perfetta. Le persone li interrogano per cercare informazioni, soluzioni a un problema o magari acquistare prodotti.

È una gara frenetica dove tutti i siti puntano a fornire la risposta migliore e vincere un posto nel cuore degli utenti!

Per questo motivo, quando si scrive per il web, si scrive **SEMPRE per creare la risposta migliore.**

Si ma, qual è la risposta migliore?

Potrebbe essere un articolo estremamente dettagliato che esplora il tema da ogni angolazione possibile? O invece, una sintesi concisa che va dritta al punto? Oppure, un contenuto che si avvale esclusivamente di un video per comunicare?

In realtà non esiste una risposta univoca; ogni pagina dei risultati di ricerca (SERP) varia significativamente. Utenti differenti che effettuano la stessa ricerca potrebbero trovarsi di fronte a risultati distinti.

Il segreto consiste nel comprendere profondamente ciò che il tuo pubblico sta cercando e in quale formato desidera accedere a tale informazione.

Questa strategia trova la sua essenza nel paragrafo "*Rispondere alle Domande degli Utenti*", dove la necessità di adottare un approccio mirato e ben ponderato si rivela essenziale.

Ma andiamo con ordine, cominciamo dal primo STEP.

STEP 1

Trova la Focus Keyword

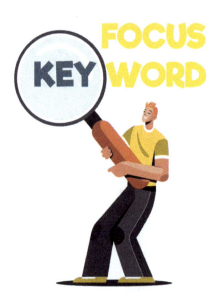

Il primo passo è forse anche il più cruciale di tutto il processo.

Puntare su una parola chiave può decretare il successo dell'articolo in termini di visibilità sui motori di ricerca. La Focus Keyword non è soltanto un termine o una frase che ritieni centrale per il tuo argomento; è la chiave che permette al tuo contenuto di emergere dal mare infinito di informazioni presenti online, connettendolo efficacemente con il tuo pubblico target.

Attenzione! Un contenuto si posiziona per centinaia di parole chiave, la focus keyword definisce la centralità del tuo contenuto e serve per mandare un segnale chiaro al motore di ricerca: "In questa pagina web c'è questo".

L'importanza della Focus Keyword

La scelta della giusta Focus Keyword significa comprendere profondamente le intenzioni di ricerca del proprio pubblico.

Una parola chiave ben selezionata riflette una domanda specifica o un bisogno che gli utenti esprimono attraverso i motori di ricerca. Di conseguenza, la tua capacità di rispondere in modo efficace e accurato a quella domanda o bisogno, determina non solo il traffico al tuo sito ma anche la rilevanza e l'autorevallezza che acquisti nel tuo campo.

È importante sottolineare che i motori di ricerca hanno ormai adottato un approccio semantico, cosa significa?
Che sono in grado di "*comprendere*" il contenuto di una pagina.

Allora perché la focus keyword è ancora importante?

Presto detto, i motori di ricerca sono ancora legati a caratteristiche come prominenza, rilevanza e frequenza delle parole chiave, il che significa che la relazione con la parola chiave principale (focus keyword) è fondamentale.
Da essa parte l'intero significato semantico che guiderà la struttura del contenuto della pagina.
Diventa cruciale pertanto definire con precisione il campo semantico, stabilendo così le basi per un contenuto che sia non solo rilevante ma anche ottimizzato per la comprensione e l'indicizzazione dei motori di ricerca.

Identificare la Focus Keyword

Se vuoi che il tuo articolo si illumini come un faro tra le oscure acque del web, bisogna partire da una cosa: la focus keyword.

Per identificare una Focus Keyword efficace, è essenziale condurre una ricerca accurata che comprenda l'analisi della concorrenza e la comprensione del proprio pubblico.

Strumenti come **Google Keyword Planner, SEMrush, Ahrefs, Ubersuggest** e **Seozoom** possono offrire una panoramica preziosa su volume di ricerca, difficoltà di posizionamento, opportunità e intenzione di ricerca delle parole chiave.

Come già detto **questo libro non approfondisce** l'attività di ricerca delle parole chiave, nonostante ciò non abbandonerò chi è alle prime armi.

Ecco alcuni metodi veloci per chi non è ancora pratico nella ricerca di parole chiave profittevoli, con strumenti gratuiti (o almeno in periodo di prova):

- Google Suggest
- Google ADS
- Seozoom
- Ubersuggest

Se, al contrario sai come trovare le tue focus keword passa direttamente allo STEP 2.

Google suggest

Se stai cercando parole chiave per arricchire il tuo piano editoriale o la tua strategia di marketing, vai oltre la superficie e sfrutta gli straordinari strumenti che Google stesso ti mette a disposizione.
Google Suggest, il diligente assistente virtuale che salta fuori ogni volta che inizi a digitare nella barra di ricerca. È il maestro **dell'autocompletamento**, Vedi quelle parole o frasi che compaiono mentre stai ancora digitando?
Sono una miniera aurea di parole chiave potenziali!

Google Suggest

La SERP di Google contiene altre pepite, le ricerche correlate sono i suggerimenti che giacciono alla fine della pagina dei risultati di ricerca, dopo l'ultimo risultato.

Lì, laconico ma prezioso, trovi un elenco di link verso altre pagine di ricerca, ciascuno con nuove parole chiave da esplorare.

Esempio di ricerche correlate in Google

Se vuoi approfondire e ti interessa sapere come utilizzare le ricerche correlate nei tuoi contenuti, ti consiglio di leggere questo articolo.

Ricerche Correlate su Google:
cosa sono e come usarle per la SEO

Ma la vera ciliegina sulla torta è **Google Trends**. Non solo ti permette di mettere a confronto i volumi di ricerca (anche se su base percentuale) tra due o più keyword, ma va anche un passo avanti, dandoti i dettagli sulle parole chiave correlate che stanno guadagnando popolarità a ritmi vertiginosi oltre che la stagionalità!

Nell'esempio di seguito Google Trends ci dice che la query "*festa del papà*" ha una impennata nel mese di marzo per poi andare in letargo fino all'anno successivo.

In questo caso è utile programmare in anticipo degli articoli su "*cosa regalare al proprio papà*" intercettando visitatori interessati ai prodotti del tuo ecommerce.

Google Trends "festa del papà"

Quindi, la prossima volta che inizi a svolgere la tua ricerca di parole chiave, ricorda: Google non è solo un motore di ricerca.
È una bussola, pronta a guidarti verso un tesoro di parole chiave,tutto ciò che devi fare è seguire la sua direzione.

Google Ads

Se desideri avere le idee più chiare sui volumi di traffico che una parola chiave può portare, allora dovrai affidarti a qualcosa di più sofisticato.

Potrei consigliarti di aprire un account (è gratis) su Google Ads.
Eh si, il famoso account per fare "*pubblicità su Google*" può tornarci utile come strumento di ricerca delle parole chiave.

Se ci pensi in effetti ha senso, Google non è sicuramente una Onlus che regala servizi. È una multinazionale che vuole fare (e fa) tantissimi soldini grazie anche alla pubblicità che le persone pagano ogni giorno. In Google Ads, infatti, c'è un utilissimo strumento che aiuta gli inserzionisti a trovare le parole chiave con le quali "*attivare*" le loro sponsorizzate.

Una volta fatto l'accesso basta cliccare sulla voce "*strumenti*" **(1)** nel menu laterale a sinistra dello schermo e poi su "*Strumento di pianificazione delle parole chiave*" **(2)**.

Come trovare lo strumento di ricerca kw in Google Ads

-36-

Per accedere allo strumento ti basterà cliccare su "*Individua nuove parole chiave*"

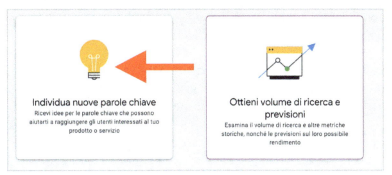

Strumento "Individua nuove parole chiave"

Si aprirà un box nel quale inserire, ad esempio, la query che hai trovato poco prima in Google Suggest (nel mio caso "*regalo festa del papà*"). Dovrai specificare anche la lingua **(2)** e la zona geografica **(3)**.

Come inserire la ricerca in Google ADS

Ti si aprirà una schermata di risultati, ma non spaventarti perché è davvero molto facile da leggere.

L'elenco mostra le parole chiave correlate e che potrebbero tornarci utili. Di fianco, per ognuna di esse, ecco che magicamente compaiono i volumi di ricerca e la concorrenza. Vano preferite le parole chiave ad alto volume di ricerca e bassa concorrenza.

Va chiarito un punto cruciale: quando parliamo di concorrenza in questo contesto, ci riferiamo specificamente alla competitività negli annunci a pagamento, non nei risultati di ricerca "*organici*".

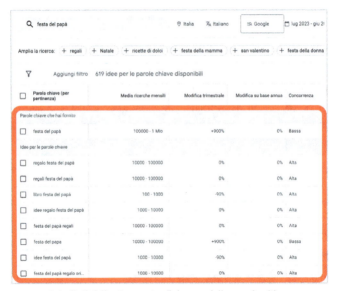

I risultati dello strumento di ricerca delle parole chiave

Altri dati molto utili sono presenti in questo strumento, ad esempio Google ci dice se la competitività è alta, media o bassa.
Grazie Google! Molto molto utile!

*Un **risultato organico** è una posizione ottenuta naturalmente nei risultati di un motore di ricerca, basata sulla sua pertinenza e qualità in relazione alla query dell'utente. Non comprende e non è influenzata, quindi, da annunci pubblicitari.*

Malgrado questa distinzione, tale indicatore resta estremamente prezioso, poiché ci offre un **panorama della concorrenza** che si aggira attorno a una specifica parola chiave.

Prendiamo, per esempio, il mio caso: è del tutto prevedibile che query di ricerca come *"festa del papà"* o *"regalo festa del papà"* siano caratterizzate da un'alta competitività nel settore degli annunci sponsorizzati.

Sebbene questo parametro non dipinga l'intero quadro della competitività SEO in senso lato, fornisce comunque spunti significativi su quanto il mercato sia saturo o competitivo per determinati termini, consentendoci di affinare le nostre strategie di marketing con maggiore precisione.

Google ADS mostra i reali volumi di traffico SOLO se è attiva una campagna, ovvero se stai spendendo dei soldi in pubblicità. Altrimenti troverai dei risultati molto approssimativi ma comunque molto utili.

Seozoom e la Keyword research (superbreve)

SEOZoom è una suite SEO made in Italy, un vero colosso nell'ambito del digital marketing con un database che sfoggia centinaia di milioni di parole chiave.

Questa potentissima piattaforma offre ai suoi utenti registrati, e quindi con abbonamento, una gamma robusta di funzionalità.

Non temere, beccati il link per la **prova gratuita** e comincia a giocare un po' con le numerose funzionalità, te ne innamorerai!

Prova gratuita di Seozoom
https://bit.ly/3UVRkhm

Seozoom mette a disposizione talmente tanti tool che è possibile trovare le parole chiave in tanti modi diversi.
Ad esempio si può partire da una parola chiave che si ha in mente ed espandere la ricerca alle parole correlate, oppure è possibile partire da un competitor e osservare le parole chiave per le quali si sta posizionando.

Non trattando la keyword research in senso lato, in questo libro, ti darò un piccolo assaggio delle potenzialità di questa piattaforma ma che ti permetterà di trovare facilmente la focus keyword per il tuo articolo.

Useremo il tool **Topic Explorer**, uno strumento particolarmente efficace per scoprire i temi principali che gravitano attorno alla nostra parola chiave di riferimento.
Mantenendo un filo conduttore con gli esempi precedenti, opterò per la keyword "*regalo festa del papà*" (rinunciando a ogni vezzo di originalità, ovviamente).

La semplicità con cui **Topic Explorer** ti condurrà verso una miriade di parole chiave inesplorate ti lascerà senza dubbio senza fiato.
Una volta entrati in Seozoom, il primo passaggio consiste nel navigare al menù laterale e cliccare su **Keyword research**, per poi selezionare il tool **Topic Explorer**.

Accedi al tool topic Explorer

Si aprirà una finestra modale che chiede la parola chiave di riferimento, ho inserito "*regalo festa del papà*".

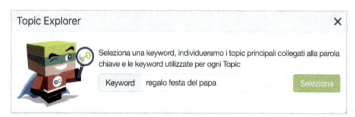

Inserisci la parola chiave principale

Cliccando su "*seleziona*", Seozoom ci mostrerà tutte le parole chiave nel suo database che ruotano semanticamente (e vorticosamente) attorno all'argomento.

L'obiettivo è trovare (e questo vale praticamente sempre) una parola chiave ad alto volume di ricerca e opportunità ma con bassa difficoltà.

Questo ci darà ottime possibilità di posizionare il nostro contenuto.

Dobbiamo filtrare i risultati eliminando le parole chiave non profittevoli in favore di quelle più gustose.

Per far ciò basta fare clic sul pulsante "*filtra Keyword*".

Filtra keyword: permette di escludere i risultati non profittevoli

Nella finestra di configurazione che si aprirà, preferisco impostare il filtro seguendo le indicazioni dell'immagine sottostante, al fine di omettere le parole chiave con un livello di competitività eccessivamente elevato e preferire, allo stesso tempo, quelle che offrono maggiori opportunità di posizionamento.

Ovvero voglio ottenere un elenco di keyword con difficoltà inferiore a 40 e opportunità superiore a 70. I due valori non sono direttamente proporzionali e una keyword con difficoltà 60 e opportunità 80 può essere un guanto di sfida che anche i SEO esperti non raccoglierebbero.

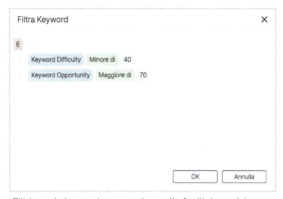

Filtriamo le kw per trovare solo quelle facili da posizionare.

Premendo *"Ok"*, Seozoom aggiornerà la schermata mostrando solo le parole chiave per noi interessanti.

Tutte le parole chiave filtrate rappresentano eccellenti opzioni per il nostro articolo, ma tra tutte ne spicca una in particolare.

Le parole chiave filtrate sono tutte buona ma...

La frase "*astucci per gioielli economici*" emerge come una scelta promettente, impossibile lasciarsela sfuggire.

Soprattutto se gestiamo un blog che indirizza i visitatori verso link di affiliazione.
Se, invece, il nostro blog è legato a un negozio di articoli da regalo, potremmo sfruttare questa keyword per guidare i lettori direttamente verso i prodotti disponibili nel nostro assortimento.

Grazie Seozoom, ottimo lavoro!

Seozoom ha un tool apposito per questa evenienza, "suggerisci keyword articolo", sotto "Strumenti editoriali".
Ti consiglio di provarlo.

Ubersuggest per cercare focus keyword

UberSuggest si posiziona fra i giganti nel panorama dei tool gratuiti per la SEO, ti aprirà un mondo di dati e informazioni relative alla tua parola chiave e a quelle correlate.

Ma non è tutto!
Non solo avrai a disposizione dettagli sul **volume** e sulle **difficoltà di posizionamento** SEO, ma UberSuggest ti inonderà di suggerimenti affascinanti su possibili keyword correlate e sulla scintillante pista di nuove idee per parole chiave legate a quelle che stai cercando.
Un vero tesoro, soprattutto perchè è estremamente facile da utilizzare e vanta la possibilità di utilizzarlo in versione gratuita... fino a un certo punto.

Ora, lascia che ti sveli un metodo molto *easy* per individuare le focus keyword perfette per i tuoi articoli.

Dopo aver eseguito la registrazione alla piattaforma con un qualsiasi account gmail dovrai cliccare su "*Ricerca keyword*" nel menu a sinistra dello schermo e successivamente su "*Idee keyword*".

Accesso al tool di ricerca parole chiave di Uberuggest

A sinistra troverai una barra di ricerca nella quale potrai scrivere fino a tre parole chiave premendo invio sulla tastiera dopo ogni parola chiave.

Se ne inserisci più di una assicurati che siano pertinenti tra loro!

Ad esempio le parole chiave "*nuotare con gli squali*" e "*ricetta per la torta di mele*" non si abbinano bene tra loro e potrebbero restituire dei risultati poco pertinenti!

Inserisci le parole chiave nel campo di ricerca.

Seleziona, poi, la lingua e la località (nel mio caso Italia) e premi il pulsante "*Cerca*".

In batter d'occhio Ubersuggest ci mostrerà tutte le parole chiave che, secondo lui, sono pertinenti alla nostra ricerca corredate da due interessanti campi: volumi di ricerca e difficoltà SEO.

Per ottimizzare la ricerca basta cliccare sul tab "*Correlate*" **(1)** e utilizzare i filtri in modo da selezionare quelle più semplici da posizionare **(2)**, ovvero quelli con **difficoltà tra 0 e 35**.

Filtriamo la ricerca per trovare le kw profittevoli.

Tutto qua, adesso Ubersuggest ci mostrerà tutte le parole chiave ordinate per volumi di traffico che sono inerenti alla nostra ricerca e sulle quali ci conviene puntare per scrivere il nostro articolo.

Per la mia ricerca sembra che ci siano almeno due parole chiave da non lasciarsi scappare.

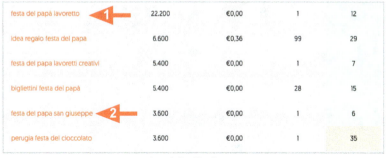

Le migliori in elenco.

La prima parola chiave e la seconda hanno un ottimo potenziale perché oltre ad avere un elevato volume di traffico sono anche facili da posizionare organicamente.

Ma... non solo, entrambe hanno un CPC (Costo per Clic) pari a zero, questo sta a significare che nessuno sta facendo ADV (pubblicità di Google).

E sai cosa significa questo?

Che le prime posizioni, quelle di solito intasate di annunci pubblicitari, sono sgombre come una spiaggia al mattino presto.

Ecco la controprova.

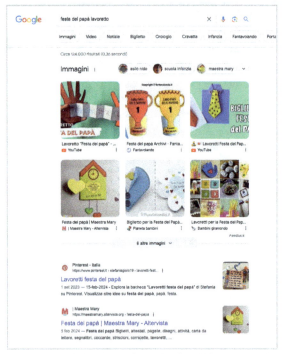

Nessuna pubblicità di Google ADS nelle SERP con zero CPC

Avrai notato però che in questa SERP accade qualcosa.

È piena di immagini e video, è un bene o un male?

Risposta veloce: è una opportunità, ottimizzando adeguatamente il tuo contenuto, potrai occupare anche la parte alta di questa SERP.

Usare il documento di Keyword Research

L'utilizzo di un **documento di keyword research** è un elemento cruciale per diverse attività SEO, per dirne alcune: elaborazione di un piano editoriale, elaborazione di una architettura delle informazioni, ottimizzazione dei contenuti, decisioni strategiche su cosa produrre ed è ottimo per individuare focus keyword.

- Realizzato da un **SEO specialist**, questo documento non solo elenca le parole chiave più pertinenti e con maggior volume di ricerca in relazione al topic trattato, ma le organizza anche in modo strategico.
- L'obiettivo è evidenziare le opportunità per massimizzare l'attrattività del contenuto verso un pubblico mirato.
- **Il valore aggiunto** di tale documento risiede nella sua capacità di guidare la creazione di contenuti non solo ricchi e rilevanti, ma perfettamente allineati con le intenzioni di ricerca degli utenti.

Ogni esperto SEO elabora un documento di keyword research unico e personale, quindi potresti trovarti davanti sempre un documento diverso.
La personale metodologia che preferisco consiste nell'utilizzo di un foglio di calcolo agile e ben organizzato, articolato in sezioni che sono dinamicamente interconnesse. Questo approccio permette non solo di avere una panoramica chiara e accessibile dei termini ricercati, ma anche di ampliare l'analisi con spunti approfonditi e grafici ad hoc. Questi elementi aggiuntivi sono studiati per fornire orientamenti strategici e valorizzare l'esperienza dell'utilizzatore.

Tab panoramica del documento di keyword research

Se hai a disposizione un documento del genere allora sei a cavallo, le parole chiave sono categorizzate, nella maggior parte dei casi, per argomento e ordinate in base ai volumi di traffico e opportunità e difficoltà di posizionamento.

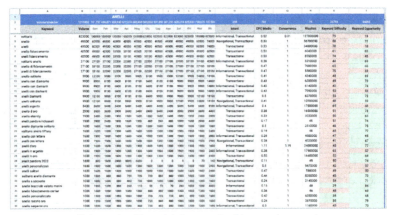

Tab parole chiave del documento di keyword research

In questa kw research effettuata per una cliente nel settore gioielli, ad esempio, salta subito all'occhio nel tab argomento "*collane*" la kw "*collana coralli*", volume 1900 ricerche mensili, transazionale e con ottimi valori di difficoltà e opportunità.

Il documento di kw research è una miniera d'oro

Ti basterà consultarlo per trovare facilmente le parole chiave più idonee e proficue per il tuo progetto.

STEP 2

Analisi la SERP

Questa tappa non è roba da poco, è lo step più importante tra tutti perché permette di capire esattamente come sviluppare un contenuto con le caratteristiche da pole position.

È qui che la magia accade, dove tutto prende forma.

Si tratta di quel momento cruciale che ci permette di capire davvero come far sbocciare il nostro articolo, rendendolo così brillante da finire tra le stelle della prima pagina di risultati.

Adotteremo un approccio tanto metodico quanto affascinante, il *"reverse engineering"*.

> Il *"reverse engineering"* è il processo di disassemblare e analizzare un *"qualcosa"* per scoprirne il funzionamento, i componenti e la logica costruttiva,

Ci trasformeremo in archeologi del web, sviscerando le pagine dei risultati di ricerca (le SERP), per scovare i tesori nascosti delle aspettative degli utenti.

Da questa esplorazione emerge ciò che gli utenti vorrebbero trovare in cima alla lista per una determinata parola chiave, ma anche ciò che incanta i motori di ricerca.
In questo modo, siamo in grado di decifrare i segnali e le caratteristiche che compongono il successo di un contenuto sul web. Un viaggio entusiasmante nel cuore del desiderio degli utenti e degli algoritmi, per creare contenuti che seducano entrambi.

Beninteso, questo *"reverse engeenering"* non ci dirà come funzionano gli algoritmi di Google ma renderà cristalline le caratteristiche che il nostro articolo deve avere per ottenere una chance di posizionamento.

Il ragionamento alla base di questo concetto è presto detto. Google, così come tutti gli altri motori di ricerca, elabora alcuni dati tecnici per valutare la bontà di un contenuto e del sito web che lo ospita, fin qui tutto normale.

Gli algoritmi dei motori di ricerca sono degli acuti osservatori del comportamento degli utenti.
Attraverso fenomeni quali (ma non solo) il *"pogo-sticking"* (quando gli utenti saltano velocemente da una pagina dei risultati ad un'altra) o i *"social signal"* (indicatori della popolarità di un contenuto sui social media), i motori di ricerca riescono ad intuire con precisione se un determinato contenuto sta veramente catturando l'interesse degli utenti.
Questo processo sofisticato permette loro di affinare i risultati di ricerca, offrendo agli utenti ciò che cercano con maggiore efficacia... e posizionandoli in cima alla lista dei risultati di ricerca

Dunque, digitando la nostra parola chiave prescelta su Google e investigando attentamente la SERP e i vari risultati proposti, **è possibile capire il *tipo di contenuto* da creare** per arrivare in prima pagina. Ma non solo: emergono anche preziosi insight su *come* articolare e *strutturare* il contenuto, in modo da rispondere perfettamente alle esigenze degli utenti e agli standard dei motori di ricerca.

Insomma, è come se fosse lo stesso Google a dirci il tipo di contenuto da realizzare e come realizzarlo!

L'Intento di Ricerca dietro una parola chiave

Navigare nel vasto oceano delle ricerche online richiede più di una semplice bussola: richiede una comprensione profonda dell'intento di ricerca. Questo concetto diviene la stella polare che guida gli utenti nel loro viaggio digitale alla scoperta di contenuti rilevanti.

L'intento di ricerca rappresenta *il perché dietro ogni query* immessa in un motore di ricerca. Non si tratta semplicemente di cosa scrivono gli utenti, ma del **motivo che spinge alla ricerca**. Capire questo significa sbloccare la porta verso contenuti significativi e mirati, pronti a soddisfare le esigenze degli utenti.

Tipologie di intenzioni di ricerca

Le intenzioni di ricerca si possono categorizzare in cinque ampie tipologie, ognuna con specifiche peculiarità:

- **Navigazionale/Brand**: Qui, l'utente ha un obiettivo chiaro: raggiungere una specifica pagina web o brand. Esempi includono la ricerca secca di kw come "*Facebook*" o "*Amazon*".
- **Informazionale**: Questo intento è mosso dalla sete di sapere. Gli utenti cercano informazioni o risposte a domande su un'ampia gamma di argomenti.
  Da "*Come si fa il pane?*" a "*Cosa è la blockchain?*".
- **Commerciale**: In questo caso, l'utente esplora opzioni e cerca informazioni prima di un potenziale acquisto, ma non è ancora pronto per compiere l'azione. Le ricerche possono includere "*miglior smartphone 2023*", "*recensioni aspirapolvere robot*".
- **Transazionale**: In questo intento di ricerca, l'utente ha l'intenzione di completare un'azione. Come l'acquisto di un prodotto o la sottoscrizione di un servizio. Ricerche come "*prezzo iPhone 15*" o "*biglietti concerto Ed Sheeran*".

- **Locale**: Questa intenzione di ricerca è focalizzata su servizi o prodotti in una determinata area, come "*pizzerie vicino a me*" o "*cinema Milano*".

> L'intento locale può essere associato ad uno degli intenti precedenti generando delle combo. Ad esempio la query "biglietti concerto Vasco Milano" è transazionale+local.

Come identificare l'intento di ricerca e come influisce sulla scrittura

Identificare l'intento di ricerca inizia dall'analisi delle parole chiave e delle query stesse, considerando il linguaggio e i termini usati dagli utenti. Tools e piattaforme SEO possono offrire insight su cosa cercano le persone e perché.

Molte piattaforme di analisi come Seozoom riescono a capire l'intento di ricerca dietro una parola chiave e ce lo suggeriscono già.

Capire l'intento di ricerca in Seozoom

A volte però non basta e esaminare la SERP può rivelare molto altro sull'intento di ricerca.

Spesso accade che la SERP sia mista, e diversi intenti di ricerca convivono allegramente. Questo è il caso in cui conviene contestualizzare e creare il contenuto più adatto alla propria strategia di marketing o di posizionamento. Insomma, le SERP miste sono lo scenario peggiore che possa capitare durante la scrittura di contenuti ottimizzati.

Quando l'intento di ricerca non è proprio palese, una sbirciatina alla SERP può risolvere il problema.

Quando si analizzano le SERP, è raccomandato procedere in modalità "privata" o "anonima". Questa funzionalità, presente in tutti i browser moderni, permette di visualizzare risultati meno condizionati dalle proprie attività precedenti, garantendo così una panoramica più oggettiva e imparziale.

Effettuando una ricerca in modalità anonima con la query "*torta di mele*", la sua connotazione informativa appare chiaramente. Non si evidenziano link pubblicitari o prodotti, bensì si riscontrano riferimenti esclusivi a ricette. Inoltre, Google arricchisce di ulteriore valore la SERP, integrando un box informativo direttamente correlato a questo dolce.
Il carattere informativo della ricerca risulta indiscutibile.

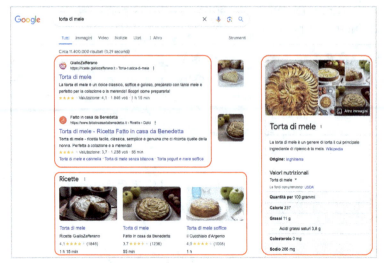

SERP informazionale

Riconoscere un'intento transazionale di solito si rivela un compito abbastanza diretto. Questo perché la SERP (pagina dei risultati del motore di ricerca) è tipicamente popolata da annunci pubblicitari, sponsorizzazioni, carousel di prodotti e la maggior parte dei siti in elenco appartiene a piattaforme di ecommerce.

Nell'esempio seguente, la ricerca "*scarpe da donna*" mostra una SERP con intento transazionale chiaramente delineato, rendendo l'identificazione particolarmente diretta.

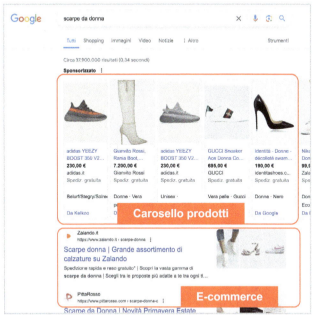

SERP transazionale

La **SERP commerciale** si sovrappone frequentemente con quella transazionale, suscitando talvolta confusione.

È comune incappare in annunci pubblicitari o prodotti in queste pagine dei risultati di ricerca e, per questo motivo, può emergere un equivoco. È importante ricordare che, mentre una SERP transazionale è focalizzata sull'incoraggiare un'azione diretta, come l'acquisto di un prodotto, una SERP commerciale può anche mirare a presentare offerte o comparare prezzi, **senza necessariamente finalizzare la vendita sul momento**. Nel discernere tra le due, si dovrebbe valutare l'intenzione predominante dietro alle query: se l'obiettivo è acquistare immediatamente o esplorare possibilità commerciali nel contesto di una decisione d'acquisto futura. Questa distinzione è vitale per ottimizzare le strategie SEO e la creazione di contenuti mirati che rispondano precisamente all'intento dell'utente, massimizzando l'efficacia del posizionamento nei motori di ricerca.

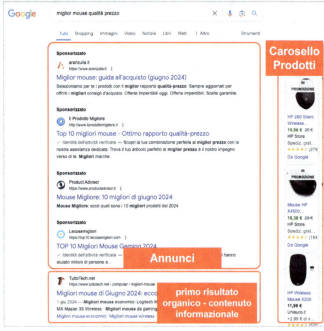

Esempio di SERP con intento commerciale

Il dilemma delle SERP miste è frequentemente associato alle query a coda corta. L'impiego di keyword a coda lunga tende a mitigare questa problematica, poiché l'inclusione di maggiori termini nella ricerca consente di precisare meglio l'intento. La specificità delle query a coda lunga aiuta a filtrare e affinare i risultati, rendendo l'obiettivo dell'utente più chiaro e riducendo così l'ambiguità delle

SERP miste. Questo approccio si rivela naturale: quanto più dettagliata è la ricerca, tanto più l'intento viene definito con precisione, facilitando il compito dei motori di ricerca nel fornire risultati pertinenti e mirati.

La comprensione dell'intento di ricerca ha un impatto diretto sulla scrittura dei contenuti. Per esempio, per un'intenzione informazionale, un articolo dettagliato che soddisfa curiosità o risponde a domande sarà molto appropriato. Per un intento transazionale, una pagina di prodotto ottimizzata con informazioni chiare sul processo di acquisto e i vantaggi del prodotto sarà più efficace.

Integrare strategicamente l'intento di ricerca nella creazione dei nostri contenuti non soltanto ottimizza l'esperienza complessiva dell'utente, rendendola più soddisfacente, ma potenzia in misura significativa sia la presenza che l'impatto di tali contenuti all'interno degli algoritmi dei motori di ricerca.

Analizzare le SERP, però, ha anche un altro scopo. Come visto nell'esempio di intento commerciale, la SERP è saturata da annunci pubblicitari e caroselli di prodotti. Questo implica, nella maggior parte dei casi, che il contenuto ottimizzato avrà chance di intercettare gli utenti solamente in seguito al primo scroll. Pertanto, posizionarsi in una SERP dominata da tali elementi potrebbe non rivelarsi vantaggioso, questo vale per tutti gli intenti di ricerca.

Tipologie di contenuti per i siti web, scegliamo quello giusto

Comprendere accuratamente quale forma di contenuto sviluppare è cruciale per l'efficacia del metodo spiegato in questo libro. Il passo successivo consiste nel delineare la struttura e il formato con cui i nostri contenuti verranno proposti, così da collocarsi armoniosamente all'interno della SERP che vogliamo penetrare.

La scelta della tipologia di contenuto più appropriato si sceglie a seconda del **tema trattato** e del **target di riferimento**, motivo per cui è essenziale tornare nella nostra amata SERP e frugare in cerca di indizi.

Le tipologie più utilizzate che troverai in SERP sono nel seguente elenco, possono sembrare tante ma sono molto differenti l'una dalle altre il che ti aiuterà a memorizzarle e identificarle velocemente.

Eccole:

- **Articoli (Cornerstone, Pillar e Brick)**: I cornerstone sono articoli di grande lunghezza e portata, mentre gli articoli pillar costituiscono la base tematica del tuo sito. Gli articoli brick, invece, approfondiscono argomenti specifici. Insieme costituiscono la disposizione dei contenuti più famosa e amata dai motori di ricerca ovvero quella a "*silos*".

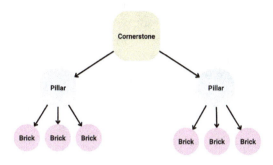

Struttura dei contenuti a Silos

- **Elenco di Risorse**: Articoli che raccolgono una serie di risorse utili per l'utente.
- **Tutorial**: Queste guide pratiche forniscono istruzioni dettagliate su come eseguire una particolare attività o implementare una soluzione specifica.
- **Checklist**: Una lista di elementi o azioni da verificare o completare.
  Per esempio: *"Cosa controllare in casa prima di partire per le vacanze"*.
- **Pagina Prodotto**: Pagine dedicate alla presentazione e alla vendita di un prodotto specifico. Una pagina prodotto standard condivide la struttura del contenuto con tutte le altre: titolo prodotto, descrizione breve, descrizione lunga.
- **Problema > Soluzione**: Articoli che definiscono un problema specifico e propongono uno o più modi per risolverlo.
- **Flame Post**: Sono post che generano dibattiti e discussioni, spesso su argomenti controversi. Solleticano vivacemente lo spirito opinionista in ognuno di noi, il che è ottimo per ottenere engagement!

- **News**: Questi contenuti forniscono informazioni sulle ultime novità di un settore o argomento.
- **Intervista**: Questi post riportano le parole di un esperto o personaggio rilevante in un campo particolare. Più l'intervistato è conosciuto e più riscontro si avrà online.
- **Case Study**: Fornisce un'analisi dettagliata di un particolare caso di studio per illustrare un processo, una strategia o una soluzione.

> **Attenzione!** Un flame post fatto male o una news che, peggio, non contiene informazioni verificate e valide possono pregiudicare l'autorevolezza del sito o del brand! Non prenderla alla leggera.

È essenziale fare una **distinzione importante** quando si parla di tipologie di contenuti come le **news**, i **case study** o le **interviste**, poiché questi seguono logiche uniche di pubblicazione e distribuzione.

Per quanto riguarda le news, ad esempio, queste sono particolarmente sensibili al fattore tempo: vivono sulla regola del "*primo arrivato, primo servito*". Ciò significa che la velocità con cui vengono pubblicate può avere un impatto significativo sulla loro rilevanza e visibilità. In questo contesto, l'applicazione del framework di analisi può iniziare direttamente dallo STEP 5. Questo accade perché non è fattibile analizzare le SERP (Search Engine Results Pages) per una notizia che non è stata ancora divulgata online.

Invece, se ci si trova nella posizione di "*inseguitori*", ovvero si pubblica una notizia dopo altri a causa di una mancanza di accesso tempestivo alle informazioni, allora ha senso adottare un approccio che inizia dallo STEP 1. È cruciale, in questo caso, concentrarsi sull'analisi delle SERP di Google News piuttosto che quelle di Google Search.

Per le news lo STEP 2 è su Google News

I **case study** e le **interviste** rappresentano un'altra categoria di contenuti che segue dinamiche proprie. In quanto materiali intrinsecamente unici e legati a specifiche situazioni o brand, questi contenuti si caratterizzano per la loro originalità.

Per la loro natura "*indipendente*", i case study e le interviste non possono essere generati sfruttando materiale esistente online, poiché ciò potrebbe comportare rischi concreti di plagio, date le informazioni esclusive che essi contengono.

Risulta pertanto vantaggioso analizzare in fase preliminare le SERP per identificare quali elementi di case study o interviste hanno riscosso maggior successo tra utenti e motori di ricerca. Ciò include la valutazione della lunghezza del contenuto, della formattazione e di altri aspetti trattati negli STEP di questo libro. Malgrado si possano attingere ispirazioni sul "*come*" presentare i contenuti, è imprescindibile che i dati e le storie raccontate siano di proprietà esclusiva.

Quando si tratta di redigere un case study o condurre un'intervista, l'autenticità e la proprietà delle informazioni sono di fondamentale importanza per evitare ogni rischio associato al plagio e conferire valore e credibilità all'opera.

Per identificare la tipologia di contenuto più in sintonia con una determinata keyword o soggetto:

1. **Attiva la Modalità Incognito**: Prima di iniziare, apri il tuo browser preferito e avvia una nuova finestra in modalità incognito o privata. Questo passaggio è essenziale per evitare che il tuo storico di navigazione e le tue preferenze personali influenzino i risultati della ricerca.

Incognito con Google Chrome

2. **Inserisci la Keyword**: Digita la parola chiave o il soggetto di tuo interesse nella barra di ricerca del motore di ricerca selezionato. Questo termine dovrebbe rappresentare il cuore dell'argomento che desideri sviluppare nel tuo contenuto e dovresti averlo trovato, ad esempio, con il metodo spiegato nel capitolo precedente.
3. **Analizza i Primi 10 Risultati**: Una volta visualizzati i risultati, dedica del tempo all'esame dei primi elenchi, aprili tutti in un nuovo tab. Focalizzati non solo sui titoli ma esplora anche il tipo di contenuto (articoli, video, liste, ecc.), la lunghezza, il tono usato, e altri elementi distintivi.

4. Dopo aver analizzato la SERP avrai sicuramente individuato delle **caratteristiche ricorrenti** nei contenuti. Non è importante solo sviluppare un articolo in linea con l'intendo di ricerca ma anche presentarlo nel formato più idoneo.

Ti consiglio, finchè non riuscirai ad eseguire questo processo con disinvoltura, di aiutarti con un foglio excel o un Google Sheet. Non deve essere bello ma funzionale e dovrebbe assomigliare alla tabella qui sotto. Puoi aggiungere, naturalmente, tutte le colonne che vuoi per arricchire la raccolta di dati utili. Ad esempio potresti inserire una colonna nella quale inserire i widget trovati in SERP.

	A	B	C
1	**Titoli Art. In Serp**	**Tipologia**	**Parole**
2	Titolo Risultato 1	Guida	800
3	Titolo Risultato 2	Cheklist	800
4	Titolo Risultato 3	Guida	1500
5	Titolo Risultato ..	..	..

Esempio di analisi con tabella

Ti ricordo che questo è un framework e in quanto tale è adattabile al tuo modo di lavorare.

Per contare le parole all'interno di una pagina puoi usare una piccola estensione di Chrome che si chiama Article Word Counter.

Article Word Counter

5,0 ★ (4 valutazioni)

Estensione   Social network   2.000 utenti

Basta attivarlo e se nella pagina il contenuto è incluso nei tag **<article>** ci dirà direttamente la quantità di parole presenti... se non lo farà basta selezionare con il mouse il testo all'interno della pagina che desideriamo contare e il gioco è fatto, rapido e indolore.

> *Se l'estensione non conta i caratteri automaticamente vuol dire che sul sito in esame non è presente il tag <article>... è una piccola valutazione sulla bontà del sito che stai visitando e, quindi, del tuo competitor.*

Rispondere alle Domande degli Utenti

Per creare contenuti che non solo attraggano l'attenzione ma che siano anche di valore per il pubblico, è fondamentale integrare nel testo **le risposte alle domande più frequenti** degli utenti.

Vale la pena soffermarsi a riflettere su un concetto fondamentale. L'ambiente in cui stiamo applicando la strategia contenuta in questo libro è un motore di ricerca. Per definizione un motore di ricerca, "*ricerca*" dei dati quando interrogato e li restituisce in modo ordinato in base a dei criteri. È quindi un ambiente di tipo "*pull*" in cui le persone cercano attivamente informazioni, prodotti o servizi. È l'utente, quindi, a inizializzare la ricerca esprimendo, appunto, una iniziale intenzione basata sulle proprie necessità del momento. Questo differisce significativamente da un ambiente di tipo "*push*", come quello offerto dai social network, dove le informazioni, annunci e contenuti sono "*spinti*" verso l'utente (basandosi su algoritmi previsionali e interazioni sociali).

Alla luce di questo aspetto è naturale che nell'ambiente di tipo "*pull*", l'utente ponga delle vere e proprie domande al motore di ricerca aspettandosi una risposta pertinente e esaustiva.

Rispondere alle domande del pubblico, perciò, non solo aiuta a migliorare il ranking SEO (e a manipolare leggermente gli algoritmi del motore di ricerca) ma accresce anche l'autorevolezza e la fiducia nei confronti del sito o blog.

È vitale per due principali motivi:

1. Mostra che si è attenti alle esigenze del tuo pubblico e fornisce esattamente le informazioni che stanno cercando, aumentando così l'engagement e il tempo di permanenza sulla pagina.
2. I motori di ricerca come Google premiano i contenuti che rispondono efficacemente alle query degli utenti, portando in alto nelle SERP il contenuto che meglio risponde a quelle domande.

Si, ma... Come trovare le domande degli utenti?

Per individuare le domande che il tuo target si pone, puoi utilizzare strumenti come **Answer the Public, Google Trends, Google PAA**

(People Also Ask), i forum online come **Reddit** e **Quora** o anche il nostro amato **Seozoom**.

Ecco i miei preferiti.

Google PAA (People Also Ask)

Google PAA, sigla di "*People Also Ask*" (in italiano, "*Le persone chiedono anche*"), è una funzionalità dei risultati di ricerca di Google che mostra un insieme di domande correlate alla query iniziale dell'utente.

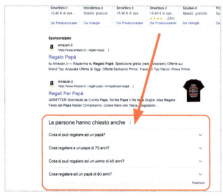

Dove trovare Google PPA nella SERP

Queste domande vengono visualizzate sotto forma di elenco interattivo e, quando cliccate, si espandono per mostrare una risposta breve che generalmente include uno snippet di testo tratto da una pagina web rilevante, oltre a un link diretto alla fonte.

Come utilizzarlo

Partendo da una ricerca su Google è possibile trovarle nella pagina dei risultati di ricerca (SERP), in genere dopo i primi 2 - 5 risultati.

Answer the Public

Answer the Public, recentemente acquisito da Neil Patel, è una piattaforma avanzata di keyword research che offre l'opportunità di scoprire le domande, le preposizioni e le comparazioni che le persone fanno attorno a specifiche parole chiave.
Utilizzando i dati di autocompletamento dai motori di ricerca come Google, questo strumento è in grado di generare rapidamente un vasto elenco di frasi utili e domande poste dagli utenti riguardanti la tua parola chiave di interesse.
Ciò lo rende un'inesauribile miniera di idee per la creazione di contenuti freschi, utili e fortemente orientati al consumatore.

Sebbene Answer the Public offra un numero limitato di ricerche gratuite al giorno, esiste l'opzione di sottoscrivere un piano a vita estremamente conveniente per chi necessita di un accesso più ampio e di funzionalità avanzate.

Come utilizzarlo

Inserendo semplicemente la focus keyword nel campo di ricerca della piattaforma e selezionando il paese e la lingue, viene istantaneamente fornita una ricca panoramica delle query correlate, complete di informazioni aggiuntive come volumi di traffico e altri dati rilevanti. Dovrai preferire le domande con maggior traffico e opportunità, non scoraggiarti se le prime ricerche non restituiscono i risultati aspettati. Esplora le nicchie.

Qui il grafico per la ricerca "regalo mamma"

Seozoom (funzionalità Question explorer)

Non necessita di presentazioni, il software più utilizzato in Italia dai consulenti SEO.

SEOZoom è una piattaforma italiana di digital marketing e SEO (Search Engine Optimization) che fornisce una serie completa di strumenti e analisi per supportare le aziende, i liberi professionisti e le agenzie nel migliorare la visibilità online e l'efficacia delle loro strategie di marketing.

Offre delle ricerche gratuite ma richiede un abbonamento mensile per essere utilizzato. Purtroppo non ha una lifetime.

Relativamente a cosa cercano gli utenti, Seozoom offre una funzionalità molto interessante, *Question explorer*.

Come utilizzarlo
Per accedere a *Question explorer*, è sufficiente fare accesso con il proprio account e dal menu laterale trovare la voce "*keyword research > Question explorer*".

Dove si trova il Question Explorer di Seozoom

-73-

Nella schermata della funzionalità è possibile inserire le parole chiave che compongono la focus keyword o il topic principale. Bisogna dare invio dopo ogni parola e non inserire le "*stop words*" (il, la, del, dei ecc).

Un aspetto interessante è la possibilità di filtrare negativamente i risultati con l'apposita sezione sottostante.

Premi invio ad ogni parola

Premere il pulsante "*Cerca*" ci restituirà tutte le domande inerenti alla nostra ricerca. Inoltre selezionando una domanda dall'elenco a sinistra compariranno tutte le parole chiave relative, davvero prezioso!

La schermata dei risultati offre molti dati importanti

Quora

Quora è una piattaforma di domande e risposte fondata nel 2009 da Adam D'Angelo e Charlie Cheever, ex dipendenti di Facebook. Il sito consente agli utenti di porre domande su svariati argomenti e ricevere risposte e insight da altri utenti che possono essere esperti nel rispettivo campo o semplicemente persone che possiedono conoscenze o esperienze pertinenti.

Come utilizzarlo
Allo stesso funzionamento delle altre piattaforme di Q&A (come Reddit). Basta registrarsi con il proprio account, dare qualche preferenza e in meno di due minuti è possibile accedere ad un feed di domande e risposte, davvero molto facile.

Cerca le domande degli utenti

E adesso che abbiamo raccolto le domande...
cosa ne facciamo?

Queste domande hanno come primo scopo quello di capire meglio e approfondire l'intendo di ricerca in modo da poter sviluppare un contenuto perfettamente in linea con il target di riferimento.

La pratica più diffusa

Consiste nell'usare le domande raccolte come **titoli di paragrafo** o come parte di un **FAQ** alla fine dell'articolo.

Il motore di ricerca considera un contenuto che include le domande che vengono poste dagli utenti in modo molto positivo, ma attenzione! Non basta inserire la domanda solo come titolo del paragrafo, ma dare anche una risposta in linea e esaustiva!

Il colpo da maestro

E se inserissimo la domanda proprio come titolo dell'articolo? Adesso si che i neuroni cominciano a lavorare come si deve!

Sviluppare un articolo il cui **titolo è esattamente la domanda** che gli utenti pongono al motore di ricerca... renderà quell'articolo, se ben fatto, la miglior risposta.

Ciò implica che la domanda sarà posta nell'H1, nel meta titolo e ripetuta con le sue varianti (attenzione dipende sempre dalla tipologia di articolo e di SERP) all'interno del contenuto.

Questa tecnica offre ottime possibilità di scalare la SERP e diventare... il risultato zero, il primo tra i primi! Prima del primo! Insomma, ci siamo capiti!

Qui sotto l'immagine mostra come questa tecnica sia riuscita a posizionare l'articolo come risultato zero.

Articolo diventato risultato zero

La domanda "*Cos'è il copywriting persuasivo?*" è stata trovata in Seozoom e grazie ai dati forniti dalla piattaforma e alla analisi della SERP è stato realizzato un articolo ad hoc che rispondesse perfettamente alla domanda e si adattasse alla tipologia della SERP.

STEP 3

Struttura del contenuto

Un articolo ben strutturato non solo mantiene il lettore interessato, ma aiuta anche a migliorare il posizionamento SEO. Una struttura chiara e logica è essenziale per guidare il lettore attraverso il tuo contenuto, rendendo le informazioni facilmente assimilabili.

Hai mai sentito dire o letto su qualche rinomato blog che le persone tendono a non leggere veramente le pagine web, ma piuttosto le "*scansionano*" alla ricerca delle informazioni di loro interesse?

Tale comportamento si spiega con l'evoluzione del web, influenzato in maniera significativa dai motori di ricerca e dai loro algoritmi. Un tempo, ma in misura rilevante anche oggi, questi algoritmi tendevano a considerare "*buoni*" i contenuti anche sulla base della loro lunghezza. Pur essendo vero che Google individua in 300 parole il limite minimo affinché un articolo possa essere giudicato "*esaustivo*", non si applicano gli stessi criteri per stabilire un limite massimo di parole.

Per Google un contenuto con meno di 300 parole è considerato "Thin Content". Google tende a non indicizzare affatto quel contenuto... figuriamoci posizionarlo.

Di conseguenza, la rete si è progressivamente saturata di articoli prolissi, pieni di parole superflue, tra cui sono disperse le poche informazioni di effettivo valore. Questo espediente ha finito col favorire i siti con contenuti ingombranti che, uniti ad altre pratiche SEO, nel tempo hanno consolidato la loro reputazione e autorevolezza.

L'autorevolezza, al giorno d'oggi, è divenuta un fondamentale fattore di ranking nei motori di ricerca, quale ne è stata la conseguenza? Si è generato un notevole disorientamento nelle strategie di posizionamento e nella creazione di contenuti.

E a beneficiarne sono sempre i soliti "*big*", siti autorevoli che riescono a prendere la maggior parte del traffico.

Il Web, purtroppo, non è un posto democratico.

Troppo frequentemente, assisto a piccoli e medi siti web che cercano di imitare le tattiche dei giganti del settore, trascurando una verità cruciale: nei confronti dei "*colossi*", i motori di ricerca tendono a mostrare una certa clemenza riguardo errori o azioni non convenzionali, proprio grazie alla loro autorevolezza.

Ma quindi, come va strutturato un contenuto?

Analizzando la SERP, è la risposta corretta.

Riflettiamo su un aspetto importante: per una singola query, i motori di ricerca potrebbero avere elencato centinaia di migliaia di articoli, ma solamente dieci di questi riescono a conquistare la prima pagina.

Ti è mai capitato di RI-cercare una informazione trovata online e di aver cliccato esattamente il sito che la conteneva la prima volta, sebbene non fosse al primo posto?

Gli aggiornamenti dei motori di ricerca non stravolgono completamente le SERP perchè disorienterebbero gli utenti.

Stravolgono i siti web.

Cosa significa? Che il posizionamento generale di un sito web può essere stravolto ma le informazioni che gli utenti cercano resteranno (più o meno s'intende) allo stesso posto e nella stessa forma (finché quel sito non perde di autorevolezza).

Eccezion fatta per quei siti che hanno subito una penalizzazione derivata da pratiche di black hat SEO.

Cos'è la Black Hat SEO? Approfondiamo.

Osservando la SERP, quindi, saremo in grado di produrre un articolo che si sposa perfettamente con il tipo di contenuto, struttura e formato che l'utente si aspetta di trovare.

Un passo avanti agli altri siti che sviluppano i propri articoli... tutti allo stesso modo.

Veniamo alla pratica.

Analizzando la SERP avremo sicuramente capito:

- Quale **tipologia** di articolo è preferita per quella determinata query (focus keyword);
- Qual è il **numero** minimo, medio e massimo **di parole** che l'articolo deve contenere;

- Quanto è difficile penetrare la SERP in base **all'autorevolezza** dei primi dieci siti;

Dare forma alla struttura

Dare forma alla struttura di un articolo è un passo cruciale nel processo di scrittura SEO-friendly. Definire con attenzione la struttura dell'articolo attraverso l'analisi degli articoli presenti nelle SERP può fornirci preziosi spunti.

Questo comporta l'identificazione degli **heading tags** per i paragrafi (H2, H3, ecc), che funge da guida sia per il lettore sia per i motori di ricerca, indicando la gerarchia e l'importanza dei vari segmenti di testo.

Proprio come l'indice di questo libro.

Ciò diventa particolarmente utile per capire **come distribuire efficacemente il numero di parole** a disposizione, ottimizzando la lunghezza complessiva dell'articolo e garantendo che ogni sezione sia adeguatamente approfondita, in modo da rispondere in maniera ottimale alle ricerche degli utenti.

Personalmente sviluppo i miei articoli con Google Docs, rispetto a Words o Pages lo trovo più rapido e facile come strumento di scrittura. Permette inoltre di lavorare da postazioni differenti mantenendo il nostro archivio file inalterato, basta accedere con il proprio account e il gioco è fatto.

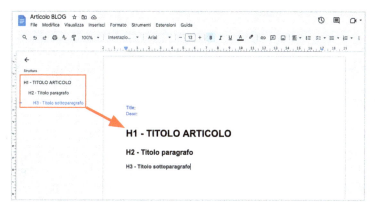

Google Docs e la struttura a colpo d'occhio

Oltre a essere molto semplice da utilizzare, ha un'interfaccia intuitiva e pulita. Utilizzando le *"intestazioni"* per i nostri paragrafi apparirà a sinistra la struttura del nostro articolo, un colpo d'occhio indispensabile quando il gioco si fa duro e il nostro articolo supera le 1500 parole.

Procedendo in questo modo diventa tutto molto semplice. Dal file excel, o foglio di calcolo utilizzato per esaminare la SERP è sufficiente riaprire i link corrispondenti in diversi tab del browser. Nonostante la diversità tra gli articoli, si osserverà la presenza di paragrafi ricorrenti, oltre a sezioni uniche presenti in alcuni ma assenti in altri.

Quindi la riflessione da fare adesso è:

Se questi articoli sono tra i primi dieci risultati della SERP che intendo penetrare, allora contengono ciò che gli utenti cercano.
Sarebbe astuto integrare tutti i paragrafi comuni e non in un solo articolo per renderlo il più completo.

È esattamente quello che devi fare.

Procedi con il riportare tutti i paragrafi in comune e non dei primi dieci risultati nella struttura del tuo articolo, la magia è già iniziata.

Trascrivendo tutti i paragrafi trovati negli articoli, comincia a delinearsi la struttura. Potrebbe emergere una certa disarmonia nel flusso dei paragrafi e risentire di una mancanza di naturalezza. Pertanto è fondamentale rivedere l'organizzazione dei paragrafi, posizionandoli in maniera tale che fluisca in modo logico e semanticamente solido. In altre parole, è necessario stabilire una sequenza coerente che faciliti l'inquadramento degli argomenti in una struttura ben ordinata.

Durante questa fase di revisione, potresti accorgerti che alcuni paragrafi risultano superflui o fuori contesto.
Se un passaggio suona inopportuno a te, probabilmente lo sarà anche per i lettori. Non esitare quindi a rimuovere le parti che non si integrano con armonia nel corpo dell'articolo; questo **processo di selezione/esclusione** è cruciale per raggiungere la chiarezza e la coesione del contenuto finale.

Ora che la struttura del testo presenta una sequenza ordinata e logica, è il momento di **personalizzare ogni titolo di paragrafo**. Ricordo che è essenziale non copiare il lavoro altrui per evitare possibili problemi legali o di etica professionale!

STEP 4

Il SEO Content Brief

Nel contesto del marketing digitale e della creazione di contenuto online, il SEO Content Brief è un documento strategico che fornisce direttive dettagliate per la realizzazione di contenuti web ottimizzati per i motori di ricerca.

Funziona come una bussola per i creatori di contenuti, i SEO specialist e i web marketer, indicando la rotta da seguire per **massimizzare la visibilità** di un articolo, un post di blog, una pagina di prodotto o qualsiasi altra forma di contenuto digitale su motori di ricerca come Google.

Cos'è un SEO Content Brief?

Un SEO Content Brief è un piano d'azione che dettaglia ogni aspetto della creazione di contenuto, dalla ricerca delle parole chiave alla stesura del contenuto, fino all'ottimizzazione SEO on-page. Include informazioni sul pubblico target, gli obiettivi da raggiungere, le parole chiave per cui ottimizzare, i temi da trattare e le indicazioni su tono e stile. Serve a garantire che tutti i membri del team siano allineati e che il contenuto prodotto sia non solo di alta qualità ma anche in grado di raggiungere e coinvolgere efficacemente l'audience desiderata.

A cosa serve un SEO Content Brief?

Il principale scopo del SEO Content Brief è quello di **ottimizzare il processo di creazione** del contenuto per i motori di ricerca in modo che questo possa raggiungere le prime posizioni nei risultati di ricerca, attirando traffico qualificato e potenziali clienti.

Con l'adozione di un SEO Content Brief ben strutturato, le aziende e i professionisti del web possono migliorare significativamente l'efficacia del loro contenuto online, favorendo non solo un miglior posizionamento sui motori di ricerca ma anche una migliore percezione del brand da parte degli utenti.

Come è fatto un SEO Content Brief?

Un SEO Content Brief è strutturato per essere un documento chiaro e conciso che guida la creazione di contenuti specifici per il web. Si presenta di solito come un documento testuale, spesso integrato da tabelle o elenchi puntati per una facile consultazione.

L'immagine qui illustrata rappresenta visivamente un esempio di SEO Content Brief base, evidenziando le diverse sezioni e come queste si articolano per facilitare il processo di creazione del contenuto.

La struttura è simile a questa, considera che ognuno lo modifica in base alle proprie esigenze e alla propria esperienza:

1. **Ricerca delle parole chiave**: elenca le variazioni della parole chiave o le correlate.
2. **Tendenze stagionali**: evidenzia le tendenze in base alla stagionalità dell'argomento.
3. **Analisi serp**: Esamina le principali tendenze della SERP, focalizzandosi sulle caratteristiche condivise.
4. **Formato e lunghezza del contenuto**: oltre che la tipologia di contenuto.
5. **Struttura del contenuto**: title, meta description, intestazioni e sottotitoli.
6. **Linee guida per la creazione dei contenuti**: tono di voce, stile, le domande, le paure e gli intenti di ricerca.

SEO Content Brief - "Regalo Papà"

I. Ricerca delle Parole Chiave
- **Primaria**: Regalo papà
- **Variazioni e Correlate**:
  - Idea regalo papà
  - Regali per papà
  - Miglior regalo per papà
  - Regalo festa del papà
  - Regalo compleanno papà

II. Tendenze Stagionali
- La ricerca per "regalo papà" mostra uno spike in corrispondenza della Festa del Papà (marzo) e intorno a dicembre, in occasione delle feste natalizie. È importante programmare la pubblicazione di contenuti o aggiornare gli esistenti qualche mese prima di questi periodi.

III. Analisi SERP
La SERP per "regalo papà" è caratterizzata da:
- Articoli con liste di idee regalo.
- Pagine di prodotto e categorie di e-commerce.
- Contenuti focalizzati su occasioni specifiche (compleanno, festa del papà, Natale).
- La presenza di articoli con consigli e guide su come scegliere il regalo perfetto.

IV. Formato e Lunghezza del Contenuto
- **Tipo**: Listicle/Guida
- **Lunghezza**: Circa 1500 parole, suddiviso in diverse sezioni per migliorare la leggibilità e ottimizzare per le parole chiave correlate.

V. Struttura del Contenuto
1. **Title**: "Regalo Papà: Le migliori idee per sorprenderlo in ogni occasione"
2. **Meta Description**: "Scopri le idee regalo più originali ed emozionanti per fare felice tuo padre. Dalla festa del papà al suo compleanno, qui trovi tutto ciò che serve."
3. **Intestazioni e Sottotitoli**:
   1. Introduzione: breve apertura che invita a trovare il regalo perfetto.
   2. Perché è Importante Scegliere il Regalo Giusto
   3. Le Migliori Idee Regalo per Papà
      1. Tecnologia e Gadget
      2. Esperienze Memorabili
      3. Articoli Personalizzati
      4. Per il Papà Sportivo
      5. Regali Fai-Da-Te: Idee Creative
   4. Come Scegliere il Regalo Perfetto: Consigli Utili
   5. Conclusione: l'importanza di celebrare i momenti insieme
   6. Domande Frequenti (FAQ)

VI. Linee Guida per la Creazione dei Contenuti
- **Tono di Voce**: Caldo e inclusivo, per risonare con l'esperienza emotiva di scegliere un regalo per una figura importante.
- **Stile**: Amichevole ma informativo; l'articolo dovrebbe sentirsi come un consiglio da un amico esperto.
- **Elementi da Includere**:
  - Rispondere alle principali domande (FAQ) gli utenti potrebbero avere su cosa regalare a un papà.
  - Affrontare dubbi o preoccupazioni comuni: budget, interessi specifici del papà, ecc.
  - Utilizzare esempi concreti e suggerimenti pratici per facilitare la scelta.
- **Intenti degli Utenti**: Riconoscere che l'utente potrebbe sentirsi incerto su cosa regalare e cercare ispirazione o conferma che la loro scelta sarà apprezzata.

Esempio di SEO Content Brief

Ma non sono un SEO specialist, come faccio a creare un SEO Content Brief?

La domanda è perfettamente valida, considerando l'importanza cruciale di questo documento per il raggiungimento degli obiettivi prefissati.

Se non disponete di un collega esperto in SEO, l'Intelligenza Artificiale può rappresentare un valido supporto. Attualmente, le soluzioni più efficaci per questo scopo sono Chat GPT e Google Gemini.

Personalmente, faccio uso di una versione personalizzata di Chat GPT che si è rivelata estremamente soddisfacente, offrendo alcune funzionalità particolarmente utili e innovative.

Si tratta di Copy.ai, puoi raggiungere il sito scansionando il Qr code.

Vai a copy.ai

SEO Content Brief con IA

Eccoci in una delle parti più interessanti. È davvero possibile che una intelligenza artificiale riesca a svolgere dei compiti SEO in modo esatto?

La risposta è "*Sì, ma...*"

L'Intelligenza Artificiale, nonostante i suoi progressi, si imbatte ancora in restrizioni insite nella sua struttura che a volte ne limitano le funzionalità o ne determinano la precisione di esecuzione.

Un esperto SEO saprà trarre il massimo da queste tecnologie, valutando in modo efficace l'output generato e apportando quelle piccole modifiche che potenziano l'efficacia del contenuto.

Grazie ai numerosi esperimenti condotti e ai risultati positivi finora ottenuti, posso affermare che la qualità dell'output delle IA si rivela più che adeguata alle nostre necessità permettendo di raggiungere eccellenti risultati.

Tutto parte dal prompt, dobbiamo chiedere alla nostra IA come effettuare l'analisi e come redigere il documento.

Il prompt qui sotto può sembrare semplicistico ma è più che sufficiente a produrre il documento che ci serve. (Andrà adattato un minimo alle tue esigenze).

Sei un SEO Specialist e devi redigere un SEO Content Brief in lingua italiana che servirà a stendere un articolo con focus kw "*la parola chiave principale* ".

Devi analizzare i primi risultati di google per questa ricerca *cerca la parola chiave in Google, copia la url della SERP e incollala qui*
=========

Nel documento devi includere:

I. Ricerca delle Parole Chiave: elenca le variazioni della parole chiave o le correlate.

II. Tendenze Stagionali: analizza le tendenze stagionali.

III. Analisi SERP: analizza la serp.

IV. formato e lunghezza del contenuto: includi anche la tipologia di articolo (listicle, guida, ecc.)

V. struttura del contenuto: title, meta description, intestazioni e sottotitoli in elenco numerato.

VI. linee guida per la creazione dei contenuti: tono di voce, stile, individua e includi i dubbi, le domande, le paure e gli intenti degli utenti.

ATTENZIONE! A volte l'Intelligenza Artificiale ha qualche "*defaiance*", ovvero non riesce a seguire le tue direttive come vorresti. In particolare, durante la fase di esame della SERP, se stai utilizzando copy.ai, sincerati che la IA stia effettivamente scansionando i link che gli hai fornito. Puoi farlo facendo attenzione a questo tipo di messaggio subito dopo che hai inviato il tuo prompt.

Scanning https://www.[redacted].it/come-guadagnare-con-twitch-8-modi-per-fare-soldi

Sincerati che la tua IA stia effettivamente scansionando il link del tuo prompt

Ho notato che alcune volte, a seconda della piattaforma che si utilizza, la IA fatica a seguire le direttive del prompt.
Sorvoliamo sulle problematiche del perché ciò avviene e procediamo dritti verso la soluzione.

Sfruttiamo la "*memoria volatile della chat*" per risolvere la problematica, procedi in questo modo spezzando il prompt in due:

1. **Analisi dei link**, crea un semplice prompt in cui chiedi alla IA di analizzare i link della SERP di Google. Ti ricordo che i primi 5 bastano se la SERP è stabile.
   Sincerarti che la IA stia effettivamente scansionando i link del tuo prompt, che potrebbe assomigliare a questo:

Prima di procedere con il SEO Content Brief, scansiona i primi risultati di google.it #link-infobase o primi 5 link dalla SERP anonima ma non scrivere il brief. Dimmi quando hai fatto e ti dirò come realizzare il brief.

2. **Avvia il prompt del SEO Content Brief**. Ricordati di rimuovere la parte in cui chiedi di analizzare la SERP.

Controlla e **Salva** l'output della tua IA in formato pdf, ti servirà più avanti e dovrai averlo sotto mano.
La IA inserirà nel punto V. del SEO Content Brief una struttura per l'articolo,

Ricorda di sostituirla con la struttura da te ideata seguendo i primi 3 STEP!

SEO Content Brief - "Regalo Papà"

I. Ricerca delle Parole Chiave
- **Primaria**: Regalo papà
- **Variazioni e Correlate**:
  - Idea regalo papà
  - Regali per papà
  - Miglior regalo per papà
  - Regalo festa del papà
  - Regalo compleanno papà

II. Tendenze Stagionali
- La ricerca per "regalo papà" mostra uno spike in corrispondenza della Festa del Papà (marzo) e intorno a dicembre, in occasione delle feste natalizie. È importante programmare la pubblicazione di contenuti o aggiornare gli esistenti qualche mese prima di questi periodi.

III. Analisi SERP
La SERP per "regalo papà" è caratterizzata da:
- Articoli con liste di idee regalo.
- Pagine di prodotto e categorie di e-commerce.
- Contenuti focalizzati su occasioni specifiche (compleanno, festa del papà, Natale).
- La presenza di articoli con consigli e guide su come scegliere il regalo perfetto.

IV. Formato e Lunghezza del Contenuto
- **Tipo**: Listicle/Guida
- **Lunghezza**: Circa 1500 parole, suddiviso in diverse sezioni per migliorare la leggibilità e ottimizzare per le parole chiave correlate.

V. Struttura del Contenuto
1. **Title**: "Regalo Papà: Le migliori idee per sorprenderlo in ogni occasione"
2. **Meta Description**: "Scopri le idee regalo più originali ed emozionanti per fare felice tuo padre. Dalla festa del papà al suo compleanno, qui trovi tutto ciò che serve."
3. **Intestazioni e Sottotitoli**:

> Inserisci qui la tua struttura come elenco di punti e sottopunti per distribuire paragrafi e sottoparagrafi

VI. Linee Guida per la Creazione dei Contenuti
- **Tono di Voce**: Caldo e inclusivo, per risonare con l'esperienza emotiva di scegliere un regalo per una figura importante.
- **Stile**: Amichevole ma informativo; l'articolo dovrebbe sentirsi come un consiglio da un amico esperto.
- **Elementi da Includere**:
  - Rispondere alle principali domande (FAQ) gli utenti potrebbero avere su cosa regalare a un papà.
  - Affrontare dubbi o preoccupazioni comuni: budget, interessi specifici del papà, ecc.
  - Utilizzare esempi concreti e suggerimenti pratici per facilitare la scelta.
- **Intenti degli Utenti**: Riconoscere che l'utente potrebbe sentirsi incerto su cosa regalare e cercare ispirazione o conferma che la loro scelta sarà apprezzata.

Inserisci nel brief la tua struttura del contenuto

Questo passaggio è fondamentale per la riuscita del processo, la IA infatti non riesce (ancora) ad effettuare lo stesso tipo di analisi per i problemi strutturali descritti all'inizio di questo libro.

(non riesce, per esempio, a contare precisamente le parole).

Attenzione! In base al tipo di IA che utilizzerai potresti renderti conto che non sta effettivamente leggendo i contenuti dei primi risultati di Google.

Puoi risolvere questo problema in due modi:

1. Raccogli tu personalmente i link aprendo una navigazione in incognito e inseriscili nel prompt;
2. Raccogli tu personalmente i link ma inseriscili in un file a parte o, se usi Copy.ai, in una infobase da richiamare con un # nel prompt.

Trucco per un contenuto SUPER

Spesso capita di realizzare un contenuto particolarmente dettagliato o con informazioni delicate. In questi casi non possiamo lasciare che la IA agisca troppo in autonomia poiché il rischio che vada a prendere dei dati non veritieri è rischioso.

La IA va guidata, ma come?

Il trucco consiste nell'integrare, direttamente nel SEO content brief che stai realizzando, il **link alla risorsa** che contiene le informazioni giuste.

Dove va inserito? Nel paragrafo specifico.

In questo modo al momento della redazione del paragrafo più

critico, la tua IA andrà direttamente alla fonte indicata per attingere informazioni accurate e pertinenti.

V. Struttura del Contenuto
1. **Titolo:** Misure di Finanza Agevolata 2024: Una Guida Completa per Imprese e Privati
2. **Meta Description:** Scopri le opportunità offerte dalle misure di finanza agevolata del 2024. Una guida completa per navigare tra incentivi, finanziamenti e sostegni alle imprese.
3. **Intestazioni e Sottotitoli:**
   1. Introduzione alle Misure di Finanza Agevolata del 2024
   2. Incentivi attivi Invitalia 2024
      (per questo paragrafo prendi le info da qui https://www.invitalia.it/cosa-facciamo/creiamo-nuove-aziende)
   3. Varietà di Finanziamenti e Agevolazioni Disponibili
   4. Come Accedere ai Finanziamenti: Step by Step
   5. Casi di Successo: Analisi e Testimonianze
   6. Domande Frequenti (FAQ)
   7. Risorse Utili e Link per Ulteriori Informazioni

Inserisci il link autorevole nel paragrafo in cui vuoi che la IA inserisca informazioni precise e genuine.

Questo approccio **garantisce non solo l'autenticità** e la **precisione** del contenuto elaborato ma **ottimizza anche il flusso di lavoro**, facendo sì che le informazioni vengano raccolte ed esposte nel momento e nel modo più appropriato.

STEP 5
Scrittura del contenuto

Dopo aver effettuato le ricerche necessarie, definito una struttura chiara per il tuo articolo e realizzato il SEO Content Brief, il passo successivo è la scrittura del contenuto.

In questa fase, è fondamentale focalizzarsi sulla creazione di testi che siano non solo informativi ma anche coinvolgenti per il lettore. Assicurati di utilizzare un linguaggio chiaro e accessibile, evitando terminologie troppo tecniche (se il target del tuo articolo non è specializzato nel campo). È importante anche mantenere un tono coerente con il pubblico a cui si rivolge il testo, e integrare adeguatamente le parole chiave scelte senza compromettere la naturalità e la leggibilità del contenuto.

In linea "*generale*" la scrittura di un contenuto segue il principio seguente.

Inizia con un'introduzione che anticipa ciò di cui parlerai, procedi con il corpo centrale dove sviluppi i punti principali in paragrafi ben definiti e termina con una conclusione che riassuma il contenuto e inviti alla riflessione o all'azione (condividere sui social, scrivere con il form di contatto, acquistare ecc.).
Utilizza transizioni fluide tra i paragrafi per mantenere il lettore impegnato e interessato dal principio alla fine del tuo articolo.

Perchè "*in generale*"? Perché gli utenti il più delle volte (dipende dal tipo di contenuto) tendono a "*scansionare*" piuttosto che leggere. Quindi saltano veri e propri pezzi di testo alla ricerca delle informazioni.

In questa fase l'occhio scorre il testo da sinistra a destra e verso il basso senza seguire un ordine predefinito e posandosi lì dove l'attenzione viene catturata.

Il colpo da maestro

Possiamo approfittare di questo *comportamento negativo* nei confronti del nostro contenuto e volgerlo a nostro vantaggio. È possibile guidare l'occhio dell'utente in modo che si soffermi proprio lì dove vogliamo, come? Con le **ancore visive**.

Durante la lettura, l'occhio tende ad *agganciarsi* ad alcune *ancore visive*, ecco l'elenco in ordine di efficacia:

1. **Immagini e Grafici**: Spiccano immediatamente attirando l'occhio, arricchiscono il contenuto e lo rendono immediatamente digeribile, rendendoli degli ottimi strumenti per spiegare concetti complessi visivamente (es.: infografiche).

2. **Video**: Combinano l'audio e il video per catturare efficacemente l'attenzione. Offrono un'esperienza immersiva che può migliorare significativamente l'engagement col contenuto.

3. **Titoli e Sottotitoli**: Forniscono rapidamente il senso generale del contenuto, permettendo agli utenti di identificare le sezioni rilevanti da leggere in dettaglio.

4. **Elenco Puntato o Numerato**: Semplificano la lettura e l'assimilazione delle informazioni, rendendo la scansione del testo veloce e efficiente.

5. **Link**: Attraggono l'attenzione verso altre risorse rendendo il contenuto interattivo e aumentando l'engagement del lettore con ulteriori informazioni pertinenti.

6. **Grassetto e Corsivo**: Guidano lo sguardo verso le informazioni più importanti, assicurando che i concetti chiave siano facilmente identificabili.
7. **Citazioni o Blocchi di Testo Evidenziati**: Danno evidenza a punti critici o citazioni importanti.

La selezione accurata e l'impiego strategico di ancore visive sono essenziali per ottimizzare l'usabilità e arricchire l'esperienza utente (UX) online, rendendo la navigazione del contenuto non solo più fluida e immersiva, ma anche orientata in maniera specifica.

È possibile quindi veicolare l'attenzione dell'utente sulla parte del contenuto che preferiamo...

A buon intenditor... poche parole.

Tenendo bene a mente questo concetto, basterà seguire la struttura realizzata nello STEP 3, già inserita all'interno del SEO Content Brief, e scrivere paragrafo dopo paragrafo fino alla fine dell'articolo.
Il SEO Content Brief deve essere sempre sotto mano, sono i binari che guideranno la stesura del contenuto!

Scriviamo il contenuto con l'IA

Questo paragrafo è inserito volutamente prima degli altri per un motivo cruciale.

Allo stato attuale, l'intelligenza artificiale, in particolar modo sistemi come ChatGPT, incontra delle limitazioni nel seguire pedissequamente le direttive che le vengono fornite. Oltrepassato un certo limite di caratteri, l'IA tende a generare contenuti che possono deviare dalle istruzioni iniziali.

Per quale motivo accade?

Gli attuali sistemi di intelligenza artificiale, inclusi i modelli linguistici come ChatGPT, hanno una capacità limitata nota come "attenzione contestuale" o "window attention". Questo significa che il modello può processare e tenere a mente solo una quantità limitata di testo alla volta. Non appena la quantità di testo supera tale limite, diventa necessario "*dimenticare*" alcune informazioni per fare spazio a nuove, il che può portare all'ignorare alcune parti delle istruzioni iniziali o degli input precedenti dall'utente. Questo è uno dei motivi per i quali l'IA potrebbe non rispettare le indicazioni.

Difatti per scrivere un contenuto valido per il nostro scopo dovrebbe tenere a mente informazioni come: link analizzati, SERP analizzata, direttive di scrittura, struttura del contenuto, stagionalità, parole chiave e così via.

È possibile mitigare parzialmente questo limite attraverso alcuni stratagemmi.

Una strategia efficace consiste nel semplificare le informazioni essenziali, contenendo anche il numero di caratteri impiegati (sì, anche nel prompt).

Un'altra tattica consiste nell'utilizzare dei file di riferimento che il sistema può "*consultare*" su richiesta.

Tra i documenti da preparare, assume una particolare importanza il "*SEO Content Brief*" che hai preparato nello STEP 4! Questo documento include i risultati dell'analisi della SERP, le indicazioni strategiche per la redazione, la struttura del contenuto (da integrare a mano) e tutte quelle informazioni che, se inserite direttamente nel prompt, verrebbero riconosciute ma non necessariamente sfruttate a pieno.

Scrittura di un Articolo con l'IA

Per scrivere un articolo con l'IA che sia valido e ben scritto è necessario, lo ripeto ancora una volta, seguire gli STEP precedenti, assolutamente.

Arrivati a questo punto serviranno:

1. Accesso a una IA che permetta il caricamento di file;
2. I SEO Content Brief come allegato pdf;
3. Il prompt per la scrittura.

Per il primo punto consiglio la versione pro di ChatGPT o anche Copy.ai, utilizzato in questo esempio.

Per il secondo punto, invece, ti serviranno due prompt. Il primo per istruire la IA nella fase iniziale e il secondo per scrivere tutto l'articolo.

Se hai già provato a scrivere un articolo con la IA, infatti, avrai notato che l'output generato non supera mai, circa, le 1000 o 1500 parole (a volte molto meno, dipende da svariati fattori).

La procedura che ti sto per spiegare bypassa questo limite permettendo di generare contenuti perfettamente validi anche di 10.000 parole!

Il concetto di base è semplice, l'IA scriverà un paragrafo alla volta avendo come riferimento il prompt, il SEO Content Brief e la struttura per tutto il tempo, ti spiego come.

1. Trasforma il SEO Content Brief in un PDF

Prima di tutto trasforma il Seo content Brief in un pdf, un'operazione abbastanza banale da fare oggi, perciò illustrerò brevemente un modo veloce che utilizzo io stesso.

Usando Mac apro l'app "*Note > nuova nota*" e incollo il mio SEO Content Brief sincerandomi di inserire anche la struttura elaborata precedentemente.

Basterà poi andare nel menù File e selezionare Esporta come pdf, tutto qua.

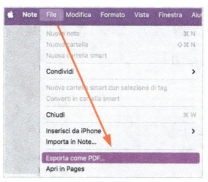

Come esportare in pdf dalla app Note di Mac

2. Caricare il SEO Content Brief nella IA

Ogni piattaforma ha il suo metodo e sono tutti abbastanza semplici. Personalmente utilizzo Copy.ai con il quale ottengo un output migliore.

La piattaforma di Copy.AI permette di caricare file e informazioni nella sua "*infobase*", in modo da poterle richiamare direttamente nella chat.

Per caricare il file, dopo aver eseguito l'accesso, basta cliccare nel menu a sinistra dello schermo su infobase per accedere alla relativa sezione.

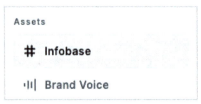

L'infobase di Copy AI

Cliccando sul pulsante in alto a destra "*Add info*" si aprirà un pannello laterale.

Aggiungi nuovo Infobase

Per rendere il SEO Content Brief accessibile nel nostro workspace e utilizzarlo nei prompt, sarà sufficiente compilare i campi richiesti.

1. Il nome con cui richiamare il file nel nostro prompt;
2. Caricamento del pdf;
3. Salva.

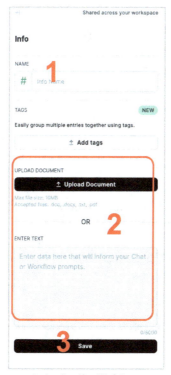

Carica il pdf nell'Infobase

Attendi qualche istante in modo che la piattaforma "*digerisca*" il contenuto e il gioco è fatto.

3. Iniziamo a scrivere, il prompt

Come spiegato prima, il prompt deve essere molto semplice e diretto ma con le informazioni al posto giusto.

Online vedo moltissimi prompt davvero molto lunghi e sono sicurissimo (perchè li ho provati in prima persona) che sono anche molto validi.

Purtroppo non sono utilizzabili in questa procedura per le problematiche spiegate nei paragrafi precedenti, le informazioni devono essere distribuite in questo modo affinché la formula funzioni.

La mole di informazioni che la nostra IA dovrà gestire, avrai già notato, è molto più grande di un semplice prompt. Per non rischiare di farle perdere informazioni, quindi useremo un prompt ridotto ma efficace.

Useremo due tipi di prompt, il primo per farle scrivere l'inizio del testo e il secondo per tutti gli altri paragrafi.

Puoi basarti su questo prompt di esempio, molto utile come punto di partenza. Va già bene così ma puoi personalizzarlo secondo le tue esigenze.

Tra parentesi quadre i dati che variano in base alle tue esigenze, per richiamare il SEO Content Brief, invece, basta usare un hashtag.

Prompt 1: inizio scrittura

> Comportati come un tipo di professionista, utilizza la struttura che hai realizzato nel #SEO Content Brief, scriverai solo l'introduzione.
>
> - utilizza il tono contenuto nel #SEO Content Brief
>
> - quando ti riferisci a te stesso utilizza la prima persona plurale (es. noi di ACME spa).
>
> - quando parli al lettore utilizza la seconda persona singolare (es. tu).
>
> - non usare le parole: inoltre, in conclusione, tuttavia.
>
> - formatta il testo con grassetto, corsivo, elenco puntato.

A questo punto la nostra IA, seguendo le nostre istruzioni, avrà realizzato una buona introduzione. Copia e incolla l'output nel file di Google Doc che hai preparato e che contiene la struttura dell'articolo.

Siamo pronti per continuare, usa il seguente prompt per tutti gli altri paragrafi fino a che la IA non li avrà scritti tutti.

Continua con il prossimo paragrafo, tieni come riferimento il brief #SEO Content Brief .
Formatta il testo con grassetto ed elenchi puntati per facilitare la lettura.

È davvero così semplice?

Si, continuando in questo modo la IA scriverà tutti i paragrafi ottimizzandoli e senza saltarne neanche uno.
Ecco un esempio di quello che otterrai, giusto per cambiare argomento ho creato un SEO Content Brief per un articolo che consiglia la quantità di cibo umido che dovrebbe mangiare un cane.
Dopo averlo caricato ecco il primo output della IA.

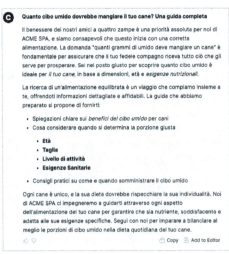

L'IA scrive l'introduzione con le nostre istruzioni

Utilizzando il secondo prompt la IA ha scritto anche il primo paragrafo senza la necessità di ricordarle le informazioni fornite nel primo prompt.

 Importanza dell'Alimentazione Umida

Il cibo umido non è solo una *delizia* per il palato del tuo cane, ma svolge un ruolo cruciale nel garantire una dieta completa e ricca di nutrienti essenziali. Noi di ACME SPA siamo qui per evidenziare l'importanza di includere questa forma di alimentazione nella dieta del tuo amico a quattro zampe.

Ecco alcuni dei benefici principali che il cibo umido può offrire al tuo cane:

- **Idratazione migliorata**: Il cibo umido è ricco di acqua, il che aiuta il tuo cane a mantenere un buon livello di idratazione, soprattutto se ha difficoltà a bere quantità sufficienti di acqua.
- **Più appetibile**: Spesso i cani trovano il cibo umido più appetitoso rispetto al cibo secco. Questo è particolarmente utile per i cani con appetito ridotto o selettivi nei confronti del cibo.
- **Facile da masticare**: Per cani anziani o con problemi dentali, il cibo umido può essere una scelta eccellente, essendo più morbido e facile da masticare.
- **Supporto nutrizionale ottimale**: Un'alimentazione umida ben formulata fornisce un equilibrio ideale di proteine, grassi e carboidrati, essenziale per il supporto del sistema immunitario, energia e una pelliccia lucida.

Noi di ACME SPA vogliamo che tu comprenda profondamente come ogni caratteristica del cibo umido contribuisca al miglioramento della qualità di vita del tuo cane. Proseguendo, esploreremo insieme i fattori che influenzano la quantità di cibo umido ideale, per personalizzare l'alimentazione in base alle peculiarità del tuo amico peloso.

  Copy   Add to Editor

L'IA continua a scrivere seguendo le direttive date

Qui sotto, come puoi vedere, la parte del SEO Content Brief con la struttura. La IA sta seguendo esattamente la struttura, tutte le informazioni e le direttive.

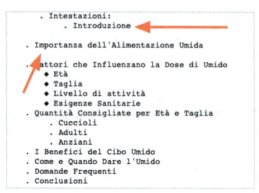

```
.  Intestazioni:
       .  Introduzione

.  Importanza dell'Alimentazione Umida

.  attori che Influenzano la Dose di Umido
     ◆ Età
     ◆ Taglia
     ◆ Livello di attività
     ◆ Esigenze Sanitarie
.  Quantità Consigliate per Età e Taglia
       .  Cuccioli
       .  Adulti
       .  Anziani
.  I Benefici del Cibo Umido
.  Come e Quando Dare l'Umido
.  Domande Frequenti
.  Conclusioni
```

La IA segue senza problemi struttura e direttive

Mi fermo qui, non c'è bisogno di illustrare tutti gli output fino alla fine.

Adesso prova tu, ma attenzione, ci sono altri passaggi fondamentali da seguire per scrivere un buon contenuto, continua a leggere!

4. Revisione del contenuto

La revisione dei contenuti rappresenta una tappa cruciale nel processo di scrittura, specialmente quando si incorpora l'Intelligenza Artificiale nel processo.
Questo step non solo garantisce la correttezza grammaticale e stilistica dei testi, ma ne accresce sostanzialmente il valore, assicurando che le informazioni siano accurate, pertinenti e affidabili.

L'importanza della revisione del contenuto nell'era dell'IA risiede in alcuni punti fondamentali:

1. Precisione e Affidabilità: L'IA, per quanto avanzata, può generare informazioni che necessitano di verifiche da parte umana per assicurare la loro accuratezza e affidabilità. La revisione permette di individuare eventuali errori o imprecisioni, mantenendo un alto standard qualitativo.

2. Pertinenza del Contenuto: La revisione assicura che il contenuto prodotto dall'IA resti focalizzato sul tema trattato e sulla domanda del pubblico. Ciò migliora l'engagement degli utenti e la pertinenza del contenuto nelle ricerche online, elementi chiave per il successo del contenuto stesso.

3. Rispetto del Tone of Voice: Ogni brand possiede un tono comunicativo caratteristico che l'IA potrebbe non cogliere del tutto. Attraverso la revisione, si ha l'opportunità di modulare il contenuto affinché rispecchi la voce del brand, rafforzandone l'identità e la coerenza comunicativa.

4. Incremento del Valore Aggiunto: Attraverso la revisione, possiamo arricchire il contenuto con dati aggiuntivi, esempi concreti, o approfondimenti che ne elevano il valore per l'utente, trasformandolo in una risorsa informativa preziosa e completa.

Attenzione, la revisione del contenuto non è una fase conclusiva!

Personalmente utilizzo la fase di revisione per inserire il *"valore aggiunto"* al contenuto, come la modifica di qualche paragrafo in modo che segua una comunicazione *"persuasiva"* nel caso volessi convincere il visitatore a effettuare una azione specifica (Vedi Capitolo 6. Scrittura Persuasiva e Trigger Mentali).

Scrittura di un Prodotto con l'IA

La scrittura di un prodotto condivide in parte alcune dinamiche della scrittura degli articoli.

Ha sicuramente senso analizzare la SERP e realizzare il SEO Content Brief ma la struttura sarà da tenere separata.

Perchè? La differenza è nella tipologia di contenuto e di come viene gestito dal sito web.

Un e-commerce, per sua natura, si troverà a gestire le descrizioni prodotto con i file CSV (molto simili a dei fogli di calcolo come Excel). Moltissimi ecommerce, infatti, fanno l'errore enorme (in alcuni casi con consapevolezza non potendo fare altrimenti) di caricare i CSV dei produttori così come sono.

Perché è un errore?

Perchè in questo modo le descrizioni prodotto saranno **uguali a centinaia di altri ecommerce** creando problemi di:

- Contenuto duplicato;
- Plagio;
- Thin content;
- Usabilità;
- Errori nel contenuto e nella grammatica.

Senza contare che non si sta sfruttando a pieno il potenziale della pagina prodotto. La descrizione lunga di un prodotto è spesso il contenuto centrale della pagina e contiene le informazioni sulle quali il visitatore si concentra maggiormente.

Ciò significa che il contenuto di una pagina prodotto è molto dissimile da un articolo infomazionale e va gestito in un modo diverso.

Un utente standard è abituato a navigare pagine prodotto costruite più o meno sempre allo stesso modo, noioso? Forse, ma va considerato che l'utente medio non vuole stare a pensare troppo quando naviga e quindi distoglierlo dal suo percorso abituale di acquisto potrebbe essere dannoso per le conversioni.

La soluzione migliore è quella di creare una struttura personalizzata da seguire, un esempio di paragrafi e contenuti che la IA può facilmente adattare e ripetere centinaia di volte.

Il processo può sembrare macchinoso ma in realtà è molto semplice, questa infografica ti aiuterà.

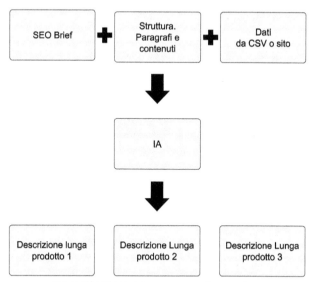

Esemplificazione del processo per la creazione
di descrizioni lunghe dei prodotti di un e-commerce

1. SEO Content Brief: Scheda prodotto

Per ottenere un risultato migliore la struttura del SEO Content Brief e della struttura va modificata e ottimizzata.

Il brief è molto più corto e adattato alla tipologia di contenuto, puoi partire dall'esempio qui sotto e modificarlo in base alle tue esigenze.

Nell'esempio di seguito il brief è stato usato per la generazione di descrizioni lunghe per un e-commerce di gioielli. Non evidenzierò le parti da modificare perchè, come noterai, per adattarlo va modificato nella sua interezza. Alcuni concetti come *"eleganza"*, *"dettaglio"*, *"emotività"*, sono volutamente ripetuti per rafforzare il concetto durante la generazione.

L'analisi della SERP in questo caso, non è utilissimo.
Partendo dall'assunto che tutti gli ecommerce hanno le medesime descrizioni prodotto, non sarebbe molto utile.

Inoltre se i tuoi prodotti sono unici, come ad esempio dei prodotti artigianali, affidarsi alle descrizioni di altri potrebbe essere un grave errore.

Il mio consiglio, quindi, è di modificare il prompt che ti inserisco qui sotto in base alle tue necessità. Il risultato sarà molto soddisfacente.

SEO Content Brief: scheda prodotto

Obiettivo della Descrizione:
Creare descrizioni di prodotto che colpiscono per eleganza e dettaglio, valorizzando la qualità e la spiritualità dei gioielli, in modo da connettere emotivamente con il cliente e mettere in evidenza l'unicità e il valore dei prodotti.

Tono e Stile Comunicativo:

• Elegante e Raffinato: Usare un linguaggio elegante che rifletta la bellezza e la qualità superiore dei gioielli.

• Emotivo e Coinvolgente: Le descrizioni dovrebbero mirare a toccare il lato emotivo del cliente, illustrando come il gioiello possa arricchire la loro vita o rappresentare un aspetto significativo della loro spiritualità o personalità.

• Descrittivo e Dettagliato: Fornire dettagli precisi sui materiali, sul design e sul significato spirituale o simbolico di ogni prodotto, senza però risultare troppo tecnici.

SEO:

• Utilizzare parole chiave pertinenti alla categoria di prodotto, materiali, e significati simbolici per ottimizzare la ricerca e attrarre il cliente giusto. Ottimizza il testo per la SEO rispettando prominenza, rilevanza e frequenza.

- Quando usi il nome prodotto nel testo non inserire dettagli come peso, colore o formato (es.:cl, lt, 1,5) presenti nel titolo.

- Non utilizzare queste parole: conclusione, tuttavia, inoltre, in sintesi, in poche parole, per riassumere.

- Non ripetere la keyword del titolo prodotto in ogni paragrafo

Come per gli articoli, il Seo Content Brief va salvato in pdf e richiamato nel prompt che darai alla IA.

La stessa cosa vale per i dati, purtroppo penserai che dando il CSV prodotti alla IA sottoforma di file sia una buona idea. Invece non lo è, ti spiego il perchè.
La IA, come ormai saprai molto bene, ha una memoria limitata e i CSV sono file con davvero tantissime informazioni al loro interno. Non serve aggiungere altro, la IA genererà degli output scadenti e non in linea con il nostro brief e la nostra struttura.

2. Struttura del contenuto della scheda prodotto

Come anticipato la descrizione prodotto segue una struttura diversa rispetto a quello, ad esempio, di un articolo.

Quello che vogliamo ottenere sono delle descrizioni lunghe per tutti i prodotti degli ecommerce ma che abbiano sempre gli stessi paragrafi... i titoli dei paragrafi e il loro contenuto però devono essere sempre diversi.

Come fare?

Creando una maschera con una struttura "*fluida*", la nostra IA non avrà difficoltà a realizzare ciò che stiamo chiedendo.

A differenza degli articoli, dove i paragrafi seguono una sequenza ben definita, le schede prodotto presentano una dinamica diversa. Considerando che ogni e-commerce possiede una struttura unica, è fondamentale personalizzare gli heading tags per allinearli alle specifiche necessità del proprio sito.

Nell'esempio proposto qui di seguito (utilizzato per un e-commerce di gioielli), la struttura presenta degli H2. Potresti voler cambiare i paragrafi in H3 o creare una struttura mista.

A te la scelta... La IA seguirà esattamente la struttura che le darai.

`<h2>titolo con focus keyword</h2>`

Introduzione Breve: Una o due frasi che catturano l'attenzione, magari raccontando una breve storia o il significato unico del gioiello.

`<h2>titolo con focus keyword</h2>`

Dettagli sul Design e Materiali: Spiegazione dettagliata del design, dei materiali utilizzati (compresi eventuali significati simbolici), e della lavorazione artigianale, se applicabile.

`<h2>titolo per Significato Spirituale o Simbolico</h2>`

Significato Spirituale o Simbolico: Se il gioiello ha un'ispirazione spirituale o simbolica, questo dovrebbe essere brevemente descritto per dare valore aggiunto al prodotto.

`<h2>un titolo con Istruzioni per la Cura</h2>`

Istruzioni per la Cura: Consigli brevi su come mantenere la bellezza e la durata del gioiello

`<h2>titolo per CTA</h2>`

Concludere con una frase che inviti il cliente all'acquisto, sottolineando l'esclusività o l'unicità del prodotto.

Anche la struttura deve essere inserita separatamente nella IA, come file o come infobase (se utilizzi Copy.ai) e richiamata nel prompt proprio come nella procedura per gli articoli.

3. Inseriamo i dati necessari

I dati sono essenziali per formulare descrizioni precise e rilevanti. Questo aspetto è cruciale, specialmente in contesti delicati come gli ecommerce di farmaci, dove ogni errore può avere conseguenze significative.

È quindi fondamentale verificare la fonte dei dati.

Personalmente, mi affido ai file CSV che i fornitori distribuiscono ai rivenditori. Questi file sono una risorsa preziosa: contengono informazioni dettagliate e ordinate, prodotto per prodotto, che professionisti nel settore hanno accuratamente verificato.

In assenza di un CSV, assicurati che le fonti delle tue informazioni siano altrettanto affidabili per evitare di diffondere contenuti inesatti o dannosi.

Ti suggerisco di includere *almeno* queste informazioni principali:

- Titolo del prodotto
- Descrizione del prodotto
- Materiali utilizzati

Inserisci le informazioni prodotto in un file o, se usi Copy.ai, nella infobase come spiegato qualche paragrafo prima.
Queste informazioni saranno richiamate direttamente nel prompt.

4. Il prompt della scheda prodotto

Così come nella stesura di un articolo, anche per la creazione della scheda prodotto ho elaborato un prompt personalizzato.

Questo si differenzia per dettagli minori e aspetti fondamentali, richiamando le informazioni necessarie nei momenti opportuni.
Dopo aver condotto una serie di test approfonditi, ho identificato il prompt che offre i risultati più convincenti. Puoi utilizzarlo e adattarlo secondo le tue esigenze.

Sei un SEO Copywriter esperto di comunicazione persuasiva e agirai come tale per scrivere una descrizione lunga e dettagliata del prodotto "*Titolo prodotto*", settore commerciale "*Settore commerciale (Abbigliamento, elettronica, ecc)*".

Attieniti a queste indicazioni:

- Attieniti al #Brief .
- Usa questa struttura #Struttura .
- Acquisisci le info da #Dati prodotto .
- Scrivi in un box html, Inoltre non usare mai **.
- Usa la lingua italiana con grammatica e vocabolario perfetti. Esegui un controllo accurato dell'articolo prima dei nomi propri o comuni. Ad esempio se il nome prodotto inizia con una vocale non scrivere "il A.." ma apostrofa "l'A..".
- Inserisci dello storytelling dove possibile ma breve.

- Assicurati di non copiare e di scrivere sempre contenuti originali.
- Formatta la descrizione lunga in modo da facilitare la lettura, utilizza grassetto, corsivo.
- Scrivi almeno 400 parole.

Una volta attivata l'Intelligenza Artificiale, il risultato ottenuto sarà simile a quello presentato nell'immagine successiva.

Per rispondere in modo efficace alle esigenze specifiche di questo cliente, che opera nel dinamico settore musicale, ho curato con attenzione la creazione di descrizioni personalizzate. Queste descrizioni sono state attentamente redatte per rispecchiare le richieste del cliente, riflettendo la sua unicità e il suo stile nel mercato.

Per assicurare che le descrizioni avessero un focus sull'essenza del prodotto senza sovraccaricare il contenuto di informazioni tecniche, ho deciso di non includere queste ultime nella descrizione stessa. Le specifiche tecniche sono state collocate in una sezione dedicata della pagina del prodotto.

Questo layout è stato studiato per facilitare la navigazione degli utenti e **ottimizzare l'esperienza di acquisto**, come si può osservare chiaramente nella figura mostrata. Questa struttura permette agli utenti di accedere facilmente alle informazioni tecniche se necessario, mentre possono godere di una descrizione chiara e diretta che mette in evidenza le caratteristiche principali e l'attrattività del prodotto.

La generazione di una scheda prodotto

Il risultato ottenuto potrebbe essere molto soddisfacente, ma non fermarti qui.
C'è ancora lavoro da fare per affinare ulteriormente il tuo contenuto, rendendolo impeccabile sia per gli utenti che per i motori di ricerca.

Se la tua necessità, invece, è di generare migliaia di descrizioni ottimizzate la soluzione è nel capitolo *"Risorse Aggiuntive"*.

5. Revisione del contenuto

La revisione del contenuto segue lo stesso processo spiegato in precedenza per la creazione di un articolo. Non è necessario ripercorrere ogni passaggio, ma focalizzati sull'accuratezza delle informazioni e verifica che l'intelligenza artificiale abbia rispettato le tue indicazioni e la struttura prefissata. Se così non fosse, non esitare a ricominciare dall'inizio: probabilmente, alcuni dettagli richiedono maggiore attenzione.

Plagio e Etica della Scrittura Il problema del plagio e come evitarlo.

Il plagio rappresenta un'infrazione grave nei contesti **accademico**, **professionale** e **creativo**, inclusa la **scrittura per il web**.

Far passare per propri i pensieri, le parole o le idee di qualcun altro senza riconoscimento non è solamente un comportamento eticamente deplorevole, ma anche una pratica illegale che **può generare ripercussioni** tanto per l'autore quanto per l'entità che propaga tale contenuto.

Essere colti in fallo può comportare sanzioni legali consistenti, generare danni irreparabili alla credibilità e autenticità personali e portare alla penalizzazione nei ranking dei motori di ricerca.

Alcune delle ripercussioni più immediate del plagio sono:

- **Sanzioni legali**: violando i diritti d'autore, si rischiano azioni legali, anche gravi.
- **Perdita di reputazione**: il plagio infanga l'immagine dell'autore e del sito associato.

- **Penalizzazione dei motori di ricerca**: contenuti duplicati possono declassare un sito, influenzando la visibilità e il traffico web.

Per districarsi da queste problematiche, è imprescindibile l'originalità nella creazione degli articoli.
Quando si ricorre all'utilizzo di materiali di terzi, citare correttamente le fonti è un must. Nonostante una percentuale di contenuto possa essere ripresa letteralmente (fino al 25%, come approssimazione generale), la **menzione specifica** della provenienza è dovuta e, se possibile, un link che rinvii alla fonte originaria.

L'etica della scrittura impone all'autore sia trasparenza che integrità. **Credibilità** e **legalità** sono i pilastri su cui costruire un rapporto di fiducia duraturo con il proprio pubblico. **Integrare correttamente citazioni e riferimenti**, quindi, non solleva solamente da un possibile punto di vista legale, ma **rafforza anche l'autorevolezza e la professionalità dello scrittore**.

Esistono svariati **tool online** utili per verificarne l'originalità di un testo e assicurarsi che sia privo di plagio. Utilizzare questi software può aiutare a prevenire involontarie violazioni dei diritti d'autore, garantendo che ogni contenuto pubblicato sia non solo originale ma anche eticamente solido.

Nota Bene: *il web non è un posto democratico. Se il tuo contenuto viene copiato da un sito più autorevole… per i motori di ricerca quel contenuto appartiene a quel sito. Si, è ingiusto, ma funziona così, almeno per il momento.*

Cosa fare se si viene plagiati?

Scoprire di essere stati plagiati può essere una situazione frustrante e sconcertante.

Ci sono passi concreti che si possono intraprendere per affrontare la violazione dei propri diritti d'autore e per tutelare il proprio lavoro.

Ecco come agire:

1. **Verifica con un tool online** che il contenuto sia stato plagiato, diversi tool riescono a dirti anche "*quando*" oltre che "*chi*". https://smallseotools.com/it/plagiarism-checker/ è uno dei tanti Ti consiglio di provarlo, è gratuito.

2. **Contatta il *"Plagiatore"*:** Spesso basta una mail o una telefonata per risolvere il problema. A volte non si è consapevoli di averlo fatto e il più delle volte il contenuto plagiato viene rimosso dal sito con scuse annesse.
   In situazioni in cui il plagio sia il risultato di una mancanza di conoscenza piuttosto che di un intento deliberato, può essere utile informare l'individuo sui principi del diritto d'autore e l'importanza dell'attribuzione originale.
   Questo approccio può servire non solo a risolvere il caso attuale ma anche a prevenire futuri episodi simili.

3. **Azione legale:** Se i tentativi di risolvere amichevolmente la situazione non portano a risultati, si può considerare l'ipotesi di un'azione legale. In questo caso, è consigliabile cercare consulenza legale da un avvocato specializzato in diritti d'autore. È importante documentare attentamente tutte le interazioni e le prove del plagio per eventuali azioni legali future. Ciò include salvare le versioni plagiare del contenuto, registrare le date, conservare le comunicazioni e archiviare ogni altra forma di prova.

Scrittura Persuasiva e Trigger Mentali

La scrittura persuasiva è un'arte che consiste nell'**utilizzare le parole per influenzare** e convincere i lettori a compiere una determinata azione o adottare un certo punto di vista. È un pilastro fondamentale nell'ambito del copywriting, del marketing e della pubblicità.

Coinvolgere i lettori attraverso la scrittura persuasiva richiede un'intima comprensione dei bisogni, desideri e motivazioni che guidano il loro comportamento. Questo coinvolgimento si ottiene presentando argomentazioni convincenti, racconti emotivamente coinvolgenti e dimostrazioni pratiche di come un prodotto o servizio possa risolvere un problema specifico o migliorare la qualità della vita.

Naturalmente puoi chiedere alla IA di scrivere un testo persuasivo ma per farlo dovrai darle quante più informazioni possibili sul target di riferimento, obiettivi, punti di forza del prodotto o servizio e le eventuali obiezioni che i potenziali clienti potrebbero avere.
Questo perché la capacità dell'IA di generare un contenuto che risuoni veramente con il pubblico dipende fortemente dalla qualità e dal dettaglio delle informazioni fornite.

Ho scoperto che è meglio adattare il testo dell'IA in fase di revisione per renderlo persuasivo, piuttosto che aggiungere un altro passaggio da controllare. Al momento, l'approccio "fai da te" è il migliore.

Trigger Mentali, vediamo le basi

I trigger mentali, o fattori scatenanti, sono tecniche psicologiche che mirano a influenzare il comportamento delle persone. Nel contesto del copy persuasivo, tali tecniche si rivelano strumenti potenti per creare esperienze convincenti e profondamente coinvolgenti, incitando i lettori all'azione.

Per utilizzarli nel tuo contenuto, articolo, prodotto, post social o altro, puoi fare affidamento su questo elenco. Almeno uno di questi 6 punti può essere utilizzato:

1. **Scarsità**: Genera un senso di urgenza illustrando offerte limitate o disponibilità contingentata di prodotti.
2. **Autorevolezza**: Sfrutta la credibilità di esperti o influencer per rinforzare l'affidabilità del tuo messaggio.
3. **Riprova Sociale**: Mostra testimonianze, recensioni e successi ottenuti da altri clienti per costruire fiducia.
4. **Reciprocità**: Offri qualcosa di valore, come una consulenza gratuita o un ebook, per innescare un desiderio di reciprocità.
5. **Scelta Limitata**: Limita le opzioni disponibili per semplificare il processo decisionale.
6. **Emozioni**: Colpisci la corda sensibile dei lettori sfruttando emozioni positive o negative (ricordi il flame post?).

Esempi di Scrittura Persuasiva e Trigger Mentali

Utilizzare i trigger mentali nel contesto della scrittura persuasiva richiede finezza ed etica. La chiave è influenzare piuttosto che manipolare, creando un legame autentico con i lettori e offrendo loro reali soluzioni che migliorano le loro vite.

So che non ti mancano le idee ma ecco alcuni esempi pratici di come integrare i trigger mentali nella scrittura persuasiva:

- Creare una campagna email con una *"offerta a tempo limitato"* per stimolare l'azione immediata utilizzando la **scarsità**.
- Presentare un case study o una testimonianza di un personaggio noto che raccomanda un prodotto, sfruttando l'**autorevolezza**.
- Mostrare numerosi feedback positivi dei clienti nella pagina di vendita per sfruttare la ri**prova sociale**.
- Offrire un manuale gratuito in cambio dell'iscrizione alla newsletter, esempio classico di **reciprocità**.
- Limitare le scelte di un pacchetto servizi a tre opzioni, esemplificando la **scelta limitata**.
- Sottolineare come il prodotto possa far sentire i clienti sicuri ed appagati, incanalando le **emozioni** nel processo decisionale.

Ti consiglio di prestare attenzione, è uno strumento potente ma molto difficile da padroneggiare. È molto facile cadere in errore e rovinare intere campagne di marketing.
Se vuoi approfondire l'argomento ho realizzato un articolo sul mio sito, lo trovi a questo link.

Approfondisci
"Cosa sono i trigger mentali?"

STEP 6

Ottimizzazione

Un contenuto ben concepito possiede caratteristiche sottili ma determinanti che lo distinguono e ne amplificano l'efficacia.

I motori di ricerca e gli utenti, incluso te, sono ormai abituati ad aspetti fondamentali che costituiscono la base di ogni buon contenuto. Nonostante questi elementi siano ormai standard, una rinfrescata sui principali pilastri è sempre utile.
Per assicurarmi che non vengano trascurati e che tu possa integrarli efficacemente, ti illustrerò uno per uno i più importanti in modo che i tuoi contenuti risultino fluidi, naturali e di alta qualità.

Nella fase di ottimizzazione sono interessati:

- Uso dei **link, ancore** e **text decoration**;
- **Uso dei Media**: immagini, video e altri elementi multimediali
- **Parole chiave**: inseriamole come (e dove) si deve;

Ma andiamo con ordine e procediamo dal più semplice.

L'impiego strategico di link, ancore e decorazioni testuali rappresenta un fattore chiave per il successo sia dal punto di vista del posizionamento nei motori di ricerca sia dell'esperienza utente. Spesso sottovalutata anche da esperti SEO veterani, questa pratica incide in modo significativo sull'ottimizzazione on-site.

È dunque imperativo non trascurare questi elementi e integrarli con sapienza nel tuo contenuto, in quanto possono determinare un avanzamento significativo sia nel ranking che nel miglioramento dell'usabilità e dell'accessibilità del sito web.

Allineamento del testo

Presupponendo che i lettori siano occidentali, e che quindi leggano da sinistra verso destra, l'allineamento preferito per la fruizione di contenuti online è quello a sinistra.

Anche se gli amanti della simmetria possono percepire l'allineamento giustificato come visivamente più ordinato, questo risulta ottimale soprattutto su carta stampata, dove la gestione del testo è più controllata. Sul web, dove la fluidità del layout è essenziale per accomodare diverse dimensioni e risoluzioni di schermo, l'allineamento giustificato può produrre spaziature irregolari tra le parole, rendendo la lettura meno scorrevole.

La ragione principale, però, è che l'occhio umano si affida alle irregolarità sul margine destro per trovare punti di riferimento visivi che aiutano a tracciare il progresso durante lo scorrimento del testo.

Da evitare il testo allineato a destra salvo casi particolari o il centrato che viene generalmente riservato a scopi enfatici o per elementi come titoli, intestazioni e citazioni, dove l'obiettivo è quello di attirare l'attenzione e non necessariamente facilitare una lettura continuativa

Uso dei link e delle ancore

I link, non c'è bisogno ch'io lo ricordi, sono la base del web. Hanno dato il via a tutta la giostra e sono indispensabili per spostarsi sul web.

I link sono composti, fa sempre bene ricordarlo, da una parte testuale detta "*àncora*" e una parte ipertestuale che contiene il collegamento che permette di passare da una sezione di contenuto ad un'altra.

Si presentano, nel codice html, in questo modo.

<a href="https://www.seonapsi.com">Visita il sito</a>

Href contiene il collegamento mentre l'àncora è inclusa tra i tag html <a></a>.

L'Ancora è spesso sottovalutata, la parte testuale dei link è utile sia ai motori di ricerca che agli utenti per contestualizzare il link e capirne la rilevanza.

Senza entrare troppo nei tecnicismi, vediamo come utilizzare correttamente link e ancore e cosa, invece, evitare.

I link devono essere contestuali e utili.

Inserire un link in un contenuto significa dire al motore di ricerca e all'utente *"Ehi! Qui troverai qualcosa di utile e pertinente a quello che stai leggendo, dagli un'occhiata!"*.

Se possibile inserisci **un link (interno o esterno al sito) in ogni paragrafo rilevante.** Se il contenuto è molto ampio, è strano che non contenga link ad altre risorse di approfondimento. Certo dipende sempre dal tipo di contenuto, un racconto è probabile che non ne avrà (ma, d'altronde, non è la tipologia di contenuto al quale consiglio di applicare la tecnica spiegata in questo libro).
Questo significa che sarebbe meglio inserire almeno un link interno e uno esterno in ogni articolo/contenuto.

I link esterni dovrebbero rimandare solo a fonti autorevoli. Se il tuo articolo tratta di terremoti, ad esempio, un link al sito INGV è decisamente rilevante e autorevole oltre che ben contestualizzato.

I link interni sono praticamente tutti con attributo "*follow*". I link in esterna invece sarebbe preferibile inserirli con attributo "*no follow*", nel caso in cui linkiamo un sito più autorevole di quello che contiene il contenuto allora può essere inserito il "follow". In realtà nel mondo SEO i pareri sono molto discordanti, solo una cosa è certa, i link "*follow*" passano "*link Juice*" e quindi autorevolezza. Insomma trasferiscono parte dell'"*importanza*" del sito che contiene il link.

La tecnica della Link-building consiste nell'acquistare l'autorevolezza di un sito web per migliorare il posizionamento di un altro. Tuttavia, queste pratiche, note come Black Hat SEO, non sono gradite ai motori di ricerca e possono portare a pesanti penalizzazioni.

Tecniche Black Hat SEO

I link per loro natura sono tutti "*follow*" a meno che non sia specificato in questo modo:

<a href="https://www.seonapsi.com" rel="nofollow" > Visita il sito </a>

I link in esterna, inoltre, dovrebbero aprirsi in un nuovo tab, questo perchè non vogliamo che il visitatore cliccando sul link, abbandoni il nostro sito, vero?

Per aprire un link in una nuova finestra o scheda del browser, puoi utilizzare l'attributo target con il valore **_blank** all'interno dell'elemento <a> del tuo HTML.
Ecco come appare nel codice:

```
<a href="https://www.seonapsi.com" rel="nofollow" target="_blank" >
Visita il sito </a>
```

Quando un utente clicca su questo link, il browser aprirà il sito web indicato in una nuova finestra o scheda, piuttosto che sostituire il contenuto della scheda corrente. Questo comportamento è particolarmente utile quando non vuoi che l'utente lasci la tua pagina web, ma piuttosto offrire riferimenti o risorse aggiuntive **senza interrompere la loro attuale sessione di navigazione**.

È importante usare questa funzionalità con moderazione.

Aprire link in nuove schede o finestre può talvolta frustare gli utenti, specialmente se viene usato in eccesso o senza una giustificazione chiara.

Per ragioni SEO e di usabilità, l'ancora dovrebbe essere *"parlante"* e contenere la focus keyword della pagina di destinazione. Evita di usare testi d'ancora non descrittivi come "*qui*", "*a questo link*", "*in questa pagina*", o "*vai qui*". Questi non offrono valore né agli utenti né ai motori di ricerca, e possono rendere più difficile per gli utenti capire il contesto o il valore del link prima di cliccarlo. Ancore descrittive supportano non solo la SEO offrendo più contesto ai motori di ricerca, ma rendono anche il tuo sito più accessibile e comprensibile per gli utenti.

Per esempio, invece di "*leggi di più*", preferisci qualcosa del tipo "*esplora guide dettagliate sul fotovoltaico*".

Ci sono **diversi tipi** di trigger mentali e ognuno ha una sua **funzione specifica**. Ad esempio, la scarsità sfrutta il timore di perdere qualcosa per creare un senso di urgenza, mentre **l'autorità (o autorevolezza)** utilizza la credibilità degli esperti per conferire maggiore valore al prodotto.
Comprendere l'utilizzo pratico dei trigger mentali è fondamentale per creare messaggi persuasivi e coinvolgenti che generino conversioni. Scopri i vari tipi di trigger mentali e come utilizzarli in modo efficace nel copywriting persuasivo.

Esempio di link "parlante"

Uso della text decoration

L'importanza della **usabilità** nel design di un sito web non può essere sottolineata abbastanza (perdona il gioco di parole, non ho resistito).
Una parte cruciale per garantire una buona esperienza utente è l'uso appropriato delle decorazioni testuali. Di seguito, alcuni dettagli su come e quando utilizzare questi stilizzazioni:

- **Sottolineato**: tipicamente, il sottolineato è riservato esclusivamente per i link. Utilizzarlo per altri scopi può generare confusione, in quanto gli utenti potrebbero aspettarsi che il testo sia cliccabile.
- **Grassetto**: gli utenti tendono a scansionare le pagine anziché leggerle completamente. Il grassetto è efficace per catturare l'attenzione e guidare gli occhi dell'utente verso le informazioni chiave, facilitando così una lettura più rapida e focalizzata sui punti salienti.
- **Corsivo**: questa decorazione viene impiegata principalmente per citazioni, menzioni, o per dare enfasi a termini specifici

che richiedono un'attenzione particolare senza prevalere sul resto del testo.

- **Colore**: È importante mantenere la coerenza cromatica per non distogliere l'attenzione o creare incomprensioni visive. Il colore del link è sempre un colore di contrasto, deve essere evidente.

- **Apici e pedici**: questi sono usati prevalentemente in testi di carattere scientifico o quando è necessario indicare notazioni specifiche che non dovrebbero interferire con la fluidità della lettura principale.

Focalizzarsi su queste convenzioni aiuta a mantenere il sito pulito, organizzato e, soprattutto, intuitivo per gli utenti, un utente meno stressato è un utente felice, ricordalo.

Uso dei Media: immagini, video e altri elementi multimediali

L'impiego strategico di immagini, video e altri elementi multimediali gioca un ruolo cruciale nell'arricchire l'esperienza digitale, migliorando l'engagement dell'utente e potenziando la comunicazione dei contenuti.

Immagini ad alta risoluzione, video coinvolgenti e grafiche interattive possono trasformare pagine statiche in esperienze dinamiche che catturano l'attenzione dell'utente e facilitano la comprensione dei messaggi chiave, invogliando altresì la conversione.

Video

I video hanno il potere di stimolare vari canali sensoriali contemporaneamente, rendendo il messaggio più impattante e memorabile. Possono essere utilizzati per dimostrazioni pratiche, testimonianze, storie di brand o spiegazioni dettagliate di prodotti o servizi. Importante è integrare video in maniera che non pregiudichino il tempo di caricamento della pagina e che siano accessibili da dispositivi mobili.

I motori di ricerca valutano i contenuti che includono video integrati (embed) come più completi e qualitativamente superiori. È cruciale garantire che i video inseriti siano direttamente pertinenti al contesto trattato, al fine di ottimizzare la rilevanza e l'efficacia del contenuto.

Ma quali inserire? Sicuramente hanno la priorità i video del proprio canale Youtube, che, se non lo sai, appartiene a Google e quindi favorisce l'integrazione dei contenuti video nella ricerca organica. Quando si utilizza un video proveniente dal proprio canale YouTube, si contribuisce a una strategia di contenuto più coesa che può migliorare sia la visibilità sia l'engagement sul sito web.

Integrare video da YouTube non solo permette una maggiore esposizione dei tuoi contenuti video grazie alla correlazione con il motore di ricerca più grande del mondo, ma stimola anche i visitatori a interagire più a lungo con le tue pagine. Questo **tempo di permanenza prolungato** è un altro fattore che Google considera favorevolmente quando determina la rilevanza e la qualità di una pagina web rispetto alle richieste di ricerca.

Se non possiedi un canale YouTube, optare per inserire un video proveniente da una fonte autorevole rappresenta un'alternativa valida, riflettendosi sullo stesso principio che regola i link esterni.

Questo approccio non soltanto migliora l'esperienza dell'utente, ma si allinea anche alle best practice SEO, potenzialmente incrementando il posizionamento organico della tua pagina nei risultati di ricerca.

Esempio di Video inserito come "embed" in un articolo

Audio

No, non mi sto riferendo a quella musica di sottofondo che, in alcuni casi, può accompagnare piacevolmente la consultazione di un articolo online.
Al contrario, quella è una pratica generalmente sconsigliata perché può distrarre o infastidire il lettore.

Mi riferisco a una funzionalità meno invasiva, ma di grande valore aggiunto: **la possibilità di ascoltare i contenuti** degli articoli.

Hai mai notato che alcune riviste di prestigio o giornali rinomati offrono ai loro lettori l'opportunità di *"ascoltare"* l'articolo? La presenza di un piccolo player trasforma l'esperienza di fruizione del testo, rendendola più accessibile e inclusiva.

Integrare la funzione di lettura audio degli articoli non solo favorisce gli utenti con disabilità visive o di lettura, ma è anche apprezzata dai motori di ricerca. Questi ultimi, infatti, valutano positivamente le pagine web che migliorano l'accessibilità dei loro contenuti. Implementare l'audio come supporto al testo scritto non solo arricchisce l'offerta informativa del tuo sito, ma contribuisce anche a una strategia SEO efficace, aumentando la visibilità e l'attrattività del tuo spazio online.

Funzionalità per ascoltare l'articolo

Immagini

Le immagini possono comunicare concetti complessi in modo semplice e diretto, suscitando emozioni e creando connessioni più profonde.
Un'immagine pertinente aiuta l'utente a visualizzare prodotti o servizi, migliorando la retention e la comprensione del contenuto. È essenziale scegliere immagini di alta qualità, rilevanti e ottimizzate

per il web, in modo da non influire negativamente sulla velocità di caricamento della pagina (oggi fattore di posizionamento diretto sui motori di ricerca).

Per realizzare contenuti web che risaltino grazie alla forza delle immagini, è cruciale dedicare **attenzione a alcuni aspetti chiave**, non solo per migliorare l'estetica, ma anche per ottimizzare le performance e il posizionamento SEO.

Nome dell'immagine Descrittivo

La scelta di un nome descrittivo per le tue immagini, come *"albero"*, *"casa"*, o *"logo"*, è il primo passo. Idealmente, questi nomi **dovrebbero includere le parole chiave target della tua pagina**, rendendo le immagini più rilevanti agli occhi dei motori di ricerca e facilitandone l'indicizzazione.

Il colpo da maestro

Un trucco che uso quando inserisco delle immagini all'interno di un contenuto è quello di assegnare all'immagine un nome che corrisponde al titolo del paragrafo in cui viene inserita.

Questo metodo non solo semplifica l'organizzazione dei file e il loro riconoscimento, ma contribuisce anche a incrementare significativamente la rilevanza del contenuto agli occhi dei motori di ricerca.
In questo modo, ogni elemento visivo è **perfettamente integrato nel contesto in cui appare**, potenziando la SEO del sito in maniera intelligente e mirata.

Forse non sai che Google è composto da diversi motori di ricerca che lavorano insieme per fornire un'esperienza di ricerca completa e soddisfacente.

Il tuo contenuto potrebbe, perciò, essere trovato anche grazie alla tua Immagine!

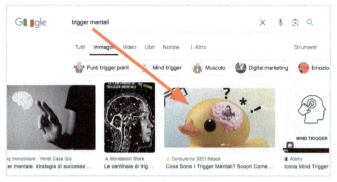

Esempio di come una immagine viene posizionata in Google immagini

Motivo in più per non utilizzare le solite immagini prese dalle classiche repository online come Pexels o Pixabay.

Formato Immagine Corretto

Per quanto riguarda il formato, le immagini dovrebbero essere caricate preferibilmente come JPG con una **compressione lossy** invece che lossless.

Questa scelta rappresenta il miglior equilibrio tra qualità dell'immagine e peso del file, essenziale per mantenere tempi di caricamento rapidi e un'esperienza utente fluida.

La compressione lossy riduce le dimensioni del file eliminando alcuni dati, il che può portare a una perdita di qualità. È utilizzata per ottenere file molto più piccoli, adatta per immagini, video e audio dove una lieve perdita di qualità è accettabile.

La compressione lossless, invece, comprime i dati senza perderne, garantendo che la versione decompressa sia identica all'originale. Risulta in file di dimensioni maggiori rispetto alla compressione lossy, ma è essenziale quando è necessario mantenere la qualità originale completa, come in documenti importanti o immagini di alta qualità.

tienilo a mente: **lossy** = più piccolo, con perdita di qualità; **lossless** = più grande, senza perdita di qualità.

Scegli il formato PNG soltanto se necessario, ad esempio, per immagini che richiedono trasparenza, come loghi o elementi grafici di un'animazione.

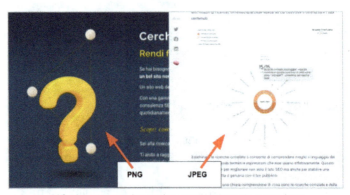

Differenza tra una immagine .png trasparente e una .jpeg

Per aiutarti nell'ottimizzazione della compressione, esistono vari strumenti che possono facilitare questo processo.

Ne ho provati tanti e sono tutti molto validi, ti consiglio di provare i seguenti, li uso personalmente:

- **Online**: Tinypng è un'ottima scelta per comprimere le immagini senza perdere in qualità visiva.
https://tinypng.com/

- **Per Windows**: Riot e XnView sono consigliati per un'elaborazione efficace e una riduzione delle dimensioni dei file.
https://riot-optimizer.com/
https://www.xnview.com/en/

- **Per Mac**: XnView e ImageOptim offrono soluzioni intuitive per migliorare la performance delle tue immagini mantenendo un alto livello di qualità. Richiedono un minimo di configurazione.
https://imageoptim.com/mac

Incorporando questi dettagli nel tuo workflow, potrai non solo impreziosire i tuoi contenuti con immagini attraenti ma anche migliorare la velocità del sito e la sua ottimizzazione per i motori di ricerca, offrendo così un'esperienza utente di qualità superiore.

Risoluzione dell'immagine

Le immagini dovrebbero essere caricate alla risoluzione che meglio si adatta al contenitore HTML in cui verranno visualizzate, per assicurare che appaiano nitide senza compromettere la velocità di caricamento del sito.

Eccezioni a questa regola si applicano nei casi in cui un'immagine richieda una risoluzione superiore per funzionalità specifiche, come lo zoom su un prodotto.

Per verificare quale sia la risoluzione idonea possiamo utilizzare una funzionalità ormai presente in tutti i browser moderni.

Tutti i browser moderni, infatti, permettono di ispezionare gli elementi di una pagina, in questo esempio utilizzo Google Chrome.

Per ispezionare l'immagine in una pagina web e verificare le dimensioni del contenitore, ti basterà cliccare con il pulsante destro del mouse sull'immagine e selezionare "*ispeziona*".

Ispeziona l'immagine con il pulsante destro del mouse

Utilizzando il suggerimento del browser per determinare la dimensione del contenitore, potrai identificare immediatamente le **dimensioni ottimali** per le tue immagini.

La dimensione del contenitore, l'immagine dorvà avere queste dimensioni

Questa pratica consente un adattamento perfetto delle immagini all'interno del sito, migliorando in modo significativo le prestazioni di caricamento.

Un sito che vanta immagini ottimizzate beneficia non solo di una maggiore velocità di accesso ma anche di un impatto positivo sul posizionamento nei risultati di ricerca. Questo approccio rende il tuo sito più agile e più gradito sia agli utenti che ai motori di ricerca, elevando la qualità dell'esperienza complessiva offerta.

Parole chiave, dove e come inserirle

Se il contenuto da ottimizzare ha seguito il processo di creazione spiegato in questo libro, allora sei già a buon punto.

Infatti, il processo prevede lo studio dei contenuti online, basandosi su argomenti, lunghezza, struttura e parole chiave attinenti tra loro.

Il più è fatto, la struttura ha già un ottima possibilità di posizionarsi sui motori di ricerca ma l'ottimizzazione delle parole chiave può dare una spinta in più... molto forte.

Molti commettono l'errore di pensare che ottimizzare un testo significhi semplicemente saturarlo di parole chiave per migliorarne il posizionamento, errore. Prima di utilizzare strumenti come Seozoom o anche plugin come Rankmath o Yoast, bisogna tenere a mente dei concetti fondamentali.

Il primo tra tutti, la qualità. Google tiene particolarmente alla qualità dei contenuti, un contenuto di qualità si posizionerà anche senza una ottimizzazione delle parole chiave.

Proseguendo, per alcuni saranno informazioni ovvie ma vale sempre la pena ripeterle, i principi di frequenza, rilevanza e prominenza.

Frequenza

Questo principio riguarda la quantità di volte in cui una parola chiave specifica appare all'interno di un contenuto. L'idea generale è che più spesso una parola chiave è presente nel testo, maggiore sarà la sua rilevanza per quel particolare argomento ai fini dei motori di ricerca.

È importante evitare, però, il cosiddetto "*keyword stuffing*", ovvero l'inserimento eccessivo e artificiale delle parole chiave, che può essere penalizzato dai motori di ricerca!

Rilevanza

La rilevanza misura il grado di pertinenza di un contenuto rispetto a una determinata parola chiave o argomento ricercato dall'utente.
Un contenuto è considerato rilevante se fornisce informazioni **utili**, **accurate** e **approfondite** sull'argomento in questione.
La rilevanza non si limita solo al testo, ma comprende anche altri

elementi come titoli, sottotitoli, immagini e meta tag, contribuendo a migliorare l'esperienza dell'utente e il posizionamento del sito.

Prominenza

Si riferisce alla posizione delle parole chiave all'interno del contenuto. Le parole chiave situate all'inizio del testo, come nel titolo o nell'introduzione, sono generalmente considerate più importanti dai motori di ricerca.

La prominenza aiuta i motori a comprendere di cosa tratta principalmente il contenuto, migliorandone quindi il riconoscimento e il posizionamento per quelle specifiche parole chiave.

Quali sono i punti in cui è possibile inserire le parole chiave?

Le parole chiave, e soprattutto la focus keyword su cui si basa il contenuto realizzato, possono essere inserite in punti strategici:

- Nel **corpo del testo**: ovviamente, rispettando i principi di frequenza e prominenza, soprattutto. Inserire la focus keyword all'inizio del primo paragrafo è una pratica ormai molto diffusa.
- Nelle **ancore dei link**: Utilizza le parole chiave negli anchor text (testo visibile in un hyperlink come già visto) quando crei link interni. Questo aiuta a rafforzare il contesto e la struttura interna del sito.
- Negli **Heading Tags**: ovvero nei titoli all'interno del testo. Il Titolo del contenuto, il nostro H1 per intenderci, è molto rilevante sia per gli utenti che per i motori di ricerca.
- Nel **meta titolo**: È uno degli elementi più importanti. Il meta titolo è il testo che viene visualizzato in SERP, nella pagina dei risultati di ricerca. Google a volte decide di cambiarlo in autonomia ma impostarlo è sempre una buona idea. Se non

impostato con molta probabilità sarà presto il titolo del contenuto, l'H1.

- Nella **meta descrizione**: è il testo al di sotto del meta titolo in SERP e descrive il contenuto della pagina.
- Nella **URL**: come per la meta descrizione non è un fattore di posizionamento diretto, ma aiuta allo stesso modo.

Best practices per l'inserimento delle parole chiave

Ecco alcune delle migliori pratiche per massimizzare l'efficacia delle keywords senza sacrificare la leggibilità e l'utilità del contenuto:

Titoli (Title Tag)

I titoli devono essere non solo accattivanti ma anche descrittivi e pertinenti al contenuto. È essenziale includere la parola chiave principale, preferibilmente vicino all'inizio.

È importante mantenere la lunghezza del titolo entro i **50-60 caratteri** per assicurarsi che venga visualizzato correttamente nei risultati di ricerca.

Meta Descrizioni

Sebbene non sia valutata dal motore di ricerca per il posizionamento, inserire la parola chiave principale in una buona meta descrizione può far aumentare la CTR (Click To Rate).

Il clic, invece, è un fattore di posizionamento. quindi la meta descrizione ha un effetto "*indiretto*" sul posizionamento.

Una meta descrizione ideale dovrebbe essere lunga tra i **150-160 caratteri** e includere le parole chiave principali. Dovrebbe essere concisa, interessante e fornire un riassunto preciso del contenuto della pagina.

Header e Sottotitoli

L'uso degli header (H1, H2, ecc.) è essenziale per organizzare il contenuto in modo logico e aumentare la leggibilità.
Il tag H1 dovrebbe contenere la keyword principale mentre gli H2 e successivi possono includere varianti o parole chiave secondarie, aiutando a delineare ulteriormente la struttura dell'articolo.

Se usi Wordpress avrai notato, o forse no, che inserendo il titolo dell'articolo, il tuo H1, il CMS imposterà allo stesso modo anche il meta titolo. Puoi utilizzare plugin SEO per creare degli automatismi in modo che si differenzino.

Infatti, mentre il meta titolo ha un limite di caratteri, l'H1 no.
Ha senso quindi che siano differenti?
Certo che si, hanno scopi diversi. Il meta titolo serve principalmente in SERP mentre l'H1 non ha limiti di lunghezza e può essere usato sia per comunicare meglio il contenuto che andrà a leggere il visitatore sia per accogliere altre preziose parole chiave.

URL

L'URL della pagina dovrebbe essere chiaro e contenere le parole chiave rilevanti.
Una URL ben strutturata migliora la comprensione del contenuto della pagina sia per gli utenti che per i motori di ricerca. Ottimizzare la url non ha effetti direttamente sul posizionamento, quindi concentrati solo nel tenerla più corta possibile.

Attributi Alt nelle Immagini

Ogni immagine inserita dovrebbe avere un attributo alt che descrive l'immagine usando parole chiave pertinenti. Questo non solo aiuta i motori di ricerca a comprendere il contesto dell'immagine ma migliora anche l'accessibilità per gli utenti con difficoltà visive.

Molti CMS (e plugin come Yoast) popolano questo attributo automaticamente, attingendo dal naming del file... quindi sei hai fatto tutto correttamente sei a cavallo.

Link interni

Quando crei collegamenti a altre pagine del tuo sito, usa anchor text descrittivi che includano le parole chiave pertinenti. Questo rinforza la struttura del sito e distribuisce l'autorità della pagina in modo efficace.

Contenuto principale

Le parole chiave dovrebbero essere distribuite naturalmente all'interno del contenuto, specialmente **nelle prime 100-150 parole.**
È importante evitare il sovraffollamento di parole chiave (keyword stuffing) per mantenere la qualità del testo, ricorda... tutto deve sembrare sempre molto naturale, sia per i motori di ricerca che per gli utenti.

Ti suggerisco un metodo gratuito per verificare se il tuo testo soffre di "*keyword stuffing*".
Collegati a questo sito:

https://www.online-utility.org/text/analyzer.jsp

È un tool gratuito per analizzare il testo, basterà incollare il testo da analizzare nell'apposito box **(1)** oppure incollare la url **(2)** che lo contiene nel campo apposito.

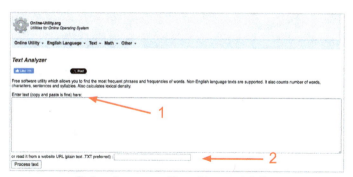

Text analyzer per verificare il keyword stuffing

Premendo il pulsante "*Process text*" verrai reindirizzato ad una nuova pagina con i risultati dell'analisi.
Quello che devi fare è scorrere in fondo alla pagina fino a raggiungere la sezione "*Unfiltered word count*".

Non ti curare delle "*stop words*" (il, la, i, di, o, ecc) poiché non vengono considerate dai motori di ricerca nel calcolo del keyword stuffing.

Sincerati che non ci siano parole chiave con una percentuale maggiore del 3%, altrimenti il rischio diventa serio.

Nell'esempio qui in basso ho cancellato con un trattino le stop words, la parola con la frequenza maggiore è "*SEO*", ma non raggiunge lontanamente il 3%.

Unfiltered word count:

Order	Unfiltered word count	Occurrences	Percentage
1.	di	113	3.2230
2.	e	82	2.3388
3.	seo	67	1.9110
4.	ricerche	65	1.8540
5.	per	64	1.8254
6.	correlate	62	1.7684
7.	le	59	1.6828
8.	che	56	1.5973
9.	i	47	1.3406
10.	il	44	1.2550
11.	a	42	1.1979
12.	la	39	1.1124
13.	o	38	1.0839
14.	una	38	1.0839
15.	un	37	1.0553
16.	google	33	0.9412
17.	del	33	0.9412
18.	è	32	0.9127
19.	contenuti	32	0.9127
20	non	30	0.8557

Qual è la parola chiave con la frequenza maggiore?

Se sei alle prime armi ti sembrerà tutto molto complesso, ma è solo questione di esperienza. L'apprendimento pratico è la chiave per acquisire fiducia e abilità.

Ottimizzare il contenuto con l'assistente editoriale di Seozoom

Seozoom mette a disposizione un ottimo strumento per l'ottimizzazione dei contenuti, l'Assistente Editoriale.
Grazie a questo potente aiuto, ottimizzare meta descrizione, meta titolo e contenuto sarà un gioco da ragazzi.

Per avviare lo strumento basta cliccare sulla voce "*Assistente Editoriale*", la troverai sotto il menu "*Strumenti editoriali*".

Dove si trova l'Assistente Editoriale di Seozoom

Per iniziare a scrivere un nuovo articolo dovrai poi cliccare su "*Scrivi nuovo articolo*", in alto a destra dello schermo.

Clicca su "Scrivi nuovo articolo" per proseguire

Un simpatico popup ti chiederà di inserire la tua focus keyword, se hai seguito questa guida ne sarai già in possesso. Inserendola, la piattaforma ti chiederà di selezionarla da un elenco.

Tralascia le Keyword secondarie e premi "*Salva*".

Le keyword secondarie sono molto utili, rendono il contenuto più pertinente e completo. In questa guida, però, non le useremo per non appesantire il processo.

Inserisci la tua focus keyword e selezionala dall'elenco.

N.B. se la tua focus keyword non è suggerita da Seozoom vuol dire che non è nei loro database. Sarà quindi difficile ottimizzare il contenuto senza i suoi preziosi dati e… forse hai sbagliato qualcosa nel processo e ti conviene iniziare daccapo.

Appena premuto il pulsante *"Salva"*, si potrà accedere alla interfaccia dell'Assistente editoriale.

L'interfaccia si suddivide in due parti principali, quella di *"compilazione"* e quella di *"misurazione"*.

Via via che inserirai i contenuti nelle parti di compilazione **(1A) (1B)** (corpo del testo, meta titolo e meta descrizione), i punteggi della parte di misurazione **(2A) (2B)** ti indicheranno se stai facendo un buon lavoro.

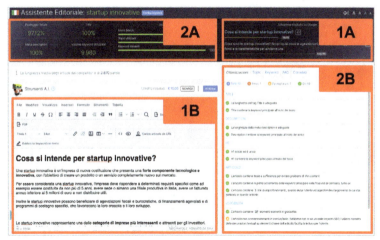

Le sezioni principali dell'Assistente Editoriale di Seozoom

Non ti resta che incollare il testo del tuo contenuto nella sezione **(1B)** e procedere alla realizzazione del meta titolo e della meta descrizione nella sezione **(1A)**.

Seguendo i consigli sulle best practice, e senza aver ancora inserito nessuna parola chiave, il punteggio nella sezione **(2A)** dovrebbe essere tra l'80% e il 90%. Se così non fosse dovrai lavorare un po' di più sul contenuto aggiungendo del testo per inserire le parole chiave.

Continua a ottimizzare il testo seguendo i suggerimenti di Seozoom nel riquadro **(2B)** , il punteggio dovrebbe essere salire oltre il 90%.

Adesso sposta la tua attenzione nel tab "*Topic*", grazie al quale Seozoom valuterà se abbiamo coperto i principali argomenti che ruotano intorno la focus keyword.

I topic principali del contenuto individuati da Seozoom

In questo Tab, Seozoom ci fornisce preziose informazioni mostrando esattamente come i nostri competitor hanno inserito l'argomento nel loro contenuto.

Procedi nel tab "*keyword*", molto simile al tab precedente, dove troverai tutte le parole chiave che ruotano intorno alla tua principale focus keyword.

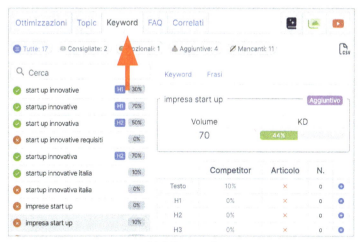

Il tab "keyword"

Seozoom ti farà vedere in modo chiaro se una parola chiave è stata utilizzata o meno nel tuo contenuto, ma non solo. È in grado di dirti anche se e come le hanno utilizzate i tuoi competitor!
Non ti resta che inserirle in modo naturale e il gioco è fatto.

> *Alcune parole chiave, se inserite così come sono, ti sembreranno innaturali. Ricorda che il testo deve sembrare naturale e mai forzato. Gli utenti avranno un'esperienza migliore e i motori di ricerca non penseranno che stai cercando di manipolarli. Inserisci queste parole chiave rendendole naturali e senza curarti del flag rosso di Seozoom.*

Se il contenuto da te realizzato non è abbastanza corposo da poter includere tutte le parole chiave suggerite da Seozoom, ti consiglio di provare questo metodo.

A destra troverai il tab "*FAQ*", aprendolo troverai tutte le domande frequenti che gli utenti pongono inerenti alla focus keyword del contenuto che stai scrivendo.

Il tab FAQ può essere un valido alleato

Usale per creare dei nuovi paragrafi nei quali inserire le parole chiave che mancano all'appello. In questo modo il tuo contenuto sarà molto più completo, pertinente e ottimizzato.

SEOZoom va ben oltre le funzioni basilari; è un insieme ricco e articolato di strumenti e funzionalità avanzate che potenziano il processo di scrittura e ottimizzazione SEO dei tuoi contenuti.
Ti invito a esplorare e sfruttare queste risorse nascoste, divertendoti ad integrarle nel tuo flusso di lavoro e scoprendo come possono elevare significativamente la qualità e l'efficacia dei tuoi testi.

Il punteggio del tuo contenuto adesso dovrebbe essere oltre il 97%, un ottimo lavoro, non ti resta che pubblicarlo!

Ottimizzazione con AI, è possibile?

Scommetto che l'idea ti frullava in testa, bene. Le intelligenze artificiali disponibili al momento sono in grado di farlo ma non riescono a raggiungere, ancora, un livello ottimale da *SEO Specialist.*

Questo per diversi motivi:

- Le AI tendono a inserire le parole chiave (kw) in maniera troppo diretta e meccanica, senza sfruttare le stop words per rendere l'inserimento più naturale e scorrevole.;
- Non hanno la capacità di valutare l'intero contesto delle strategie SEO già in atto, il che limita la loro capacità di scegliere se posizionare una parola chiave nel corpo del testo, nel titolo, nei sottotitoli o nei link in modo ottimale;
- Affrontano difficoltà nel gestire e rielaborare correttamente lunghi articoli, ad esempio testi che superano le 3000 parole, distribuendo le parole chiave in modo strategico all'interno del contenuto.

Esiste comunque un modo efficace per impiegare l'intelligenza artificiale (AI) nell'ottimizzazione dei contenuti. Le AI sono in grado di indicare con precisione in quale parte del testo una determinata parola chiave risulti più contestualmente rilevante, fornendo al contempo suggerimenti su come modificare adeguatamente il contenuto per integrarla.

Questa funzionalità semplifica significativamente le fasi di ricerca e redazione dei contenuti. Sebbene non sia sempre necessario ricorrere a tale supporto, diventa particolarmente utile quando si necessita di inserire un link avente come ancora una specifica parola chiave: in queste circostanze, l'AI può indicare la posizione ottimale per l'inserimento.

In questo esempio chiedo dove inserire la parola chiave e l'AI mi risponde in modo esaustivo, sensato e fornendo spunti per modificare il testo.

 dove posso inserire la kw "posizionamento SEO" in questo articolo? suggeriscimi il punto e crea un esempio, rispondi brevemente.

https://www.seonapsi.com/ricerche-correlate-google/

Chiedo alla AI dove inserire la parola chiave (kw)

La migliore posizione per inserire la keyword "posizionamento SEO" nel tuo articolo si trova nella sezione che discute dell'uso delle ricerche correlate per migliorare l'ottimizzazione dei contenuti. Un'esempio di come inserirla potrebbe essere:

"Sfruttare le ricerche correlate significa, quindi, non solo allineare i nostri contenuti con gli interessi reali degli utenti ma anche anticipare le loro domande e fornire risposte esaustive. Questo approccio non solo migliora il **posizionamento SEO** del nostro sito web, ma eleva anche la qualità dell'esperienza utente, trasformandola in una navigazione più intuitiva e soddisfacente."

ESEMPIO

In questo modo, integreresti la keyword "posizionamento SEO" all'interno del flusso naturale del testo, rafforzando il concetto che l'analisi e l'utilizzo delle ricerche correlate sono strategie chiave per migliorare il posizionamento su Google.

L'AI risponde in modo corretto ed esaustivo

Prima di passare alla pubblicazione, è essenziale effettuare un sintetico riesame dei concetti esplorati finora.

Abbiamo iniziato esaminando la SERP e interpretando le intenzioni di ricerca legate a specifiche query. Questo approfondimento ci ha permesso di comprendere che, attraverso un'analisi meticolosa e un processo di reverse engineering, possiamo dedurre come costruire un contenuto che non solo assecondi le richieste degli utenti ma che anche abbia le carte in regola per ottenere una posizione di rilievo sulla prima pagina di Google.

Dall'esame dei siti nelle prime posizioni, abbiamo tratto spunti essenziali per delineare la struttura ottimale di un articolo/contenuto, in modo che sia allineato agli intenti di ricerca e allo stesso tempo attraente sia per il pubblico target che per i motori di ricerca stessi.

La stesura del contenuto può svolgersi agilmente con il supporto dell'intelligenza artificiale oppure manualmente. In entrambi i casi, va eseguita una revisione accurata per correggere eventuali inesattezze linguistiche e verificare la correttezza delle informazioni.

L'ottimizzazione del contenuto è un passaggio fondamentale, imprescindibile per assicurare la massima efficacia e competitività. Una particolare attenzione deve essere rivolta all'impiego di media, all'applicazione di una formattazione impeccabile e all'integrazione delle parole chiave inserite con cura per preservarne la naturalezza all'interno del testo.

Il risultato ottenuto, a questo punto, dovrebbe essere simile all'infografica sottostante.

Un contenuto ben ordinato, coerente e ottimizzato.

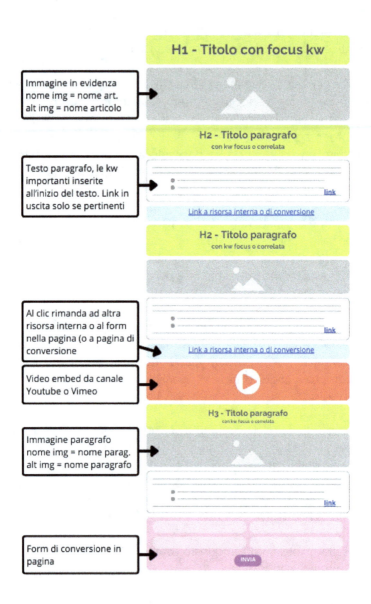

H1 - Titolo con focus kw

Immagine in evidenza
nome img = nome art.
alt img = nome articolo

H2 - Titolo paragrafo
con kw focus o correlata

Testo paragrafo, le kw
importanti inserite
all'inizio del testo. Link in
uscita solo se pertinenti

link

Link a risorsa interna o di conversione

H2 - Titolo paragrafo
con kw focus o correlata

Al clic rimanda ad altra
risorsa interna o al form
nella pagina (o a pagina di
conversione

link

Link a risorsa interna o di conversione

Video embed da canale
Youtube o Vimeo

H3 - Titolo paragrafo
con kw focus o correlata

Immagine paragrafo
nome img = nome parag.
alt img = nome paragrafo

link

Form di conversione in
pagina

INVIA

STEP 7

Pubblicazione del contenuto

Arrivati a questo punto, possiedi del contenuto ottimizzato e **pronto per essere pubblicato online.**

Il data entry, che comprende la fase di inserimento del tuo contenuto nel sito web, è un'attività **spesso sottovalutata** ma di cruciale importanza.
Un inserimento impreciso può pregiudicare l'ottimizzazione SEO del contenuto e l'interfaccia utente.

La maggior parte dei siti moderni sfrutta un Content Management System (CMS), e **WordPress** è tra i più diffusi nel mondo.
Ma per pubblicare il tuo contenuto in modo pulito ed efficace, usare il miglior CMS non basta.

Pulizia del codice e pubblicazione

Ripeti questo mantra:

Il data entry è un processo meccanico, non creativo.

Se in mente ti vengono pensieri come "*il titolo dovrebbe essere più grande*", oppure "*il colore dei link dovrebbe essere diverso*"... sappi che non è in questa fase che andranno modificati.
Queste considerazioni riguardano il layout e gli **aspetti tecnici** relativi alla codifica di ogni sito, di conseguenza, richiedono modifiche dirette al sito stesso.
Pertanto, è consigliabile astenersi dal procedere, specialmente se stai operando su un sito che non è di tua proprietà!

Se vuoi procedere con le modifiche di stile, allora dovrai intervenire... sui fogli di stile (CSS). In questo modo non dovrai ripeterle ogni volta che inserisci il contenuto!

Spesso, però, copiare e incollare il testo direttamente da un Google Doc o dall'Assistente Editoriale di Seozoom può comportare il **trasferimento involontario di stili nascosti**. Questi potrebbero alterare in maniera indesiderata la presentazione visiva del contenuto sul sito. È quindi cruciale prestare attenzione a tali formattazioni superflue per assicurarsi che il contenuto venga visualizzato come previsto.

Qui sotto un esempio di cosa avviene in Wordpress se si copia e incolla il testo da un Google Doc, le parti evidenziate in giallo e bianco devono essere cancellate!

```
<h1><b>Cosa si intende per user experience?</b></h1>
<span style="font-weight: 400;"> ?er "User Experience" (UX), si intende l'insieme delle </
span><b>emozioni</b><span style="font-weight: 400;">, le </span><b>percezioni</b><span style="font-
weight: 400;">, le </span><b>reazioni fisiche</b><span style="font-weight: 400;"> e </
span><b>psicologiche</b><span style="font-weight: 400;">, i </span><b>comportamenti</b><span
style="font-weight: 400;"> e le </span><b>scelte</b><span style="font-weight: 400;"> che una persona
sperimenta prima, durante e dopo l'utilizzo di un prodotto, sistema o servizio.</span><span style="font-
weight: 400;">
</span><span style="font-weight: 400;"> Questo termine è particolarmente rilevante nel contesto del </
span><b>design digitale</b><span style="font-weight: 400;">, dove riguarda principalmente siti web,
applicazioni software e dispositivi.</span>
```

Attenzione a copiare e incollare il testo!

Cosa è successo?

Google Doc ha inserito la sua formattazione nel codice del testo

(**<span style="font-weight: 400;">**) e incollandolo nell'articolo andrà a sovrascrivere lo stile del sito che lo riceverà!

Il processo di pulizia del codice è fondamentale, ecco un sistema per farlo velocemente e in tutta sicurezza con gli strumenti a nostra disposizione.

Su Mac puoi usare l'app Note, su Windows andrà bene il blocco notes.

Qui la procedura per Google Doc:

1. Copiare il testo nel Google Doc;
2. Aprire l'app Note e incollare il testo in una nuova nota.
3. Copiare la parte del codice che si vuole togliere, in questo caso **<span style="font-weight: 400;">**;
4. Premere command+F per aprire la funzione di ricerca nel testo e incollare la parte appena copiata **(1)** , selezionare il flag "*sostituisci*"**(2)**;

1. Lasciare vuoto il campo sostituisci e premere "*Tutto*".
2. Ripetere per il tag di chiusura **</span>**.

Quello che abbiamo appena fatto e usare l'app Note per cercare nel documento tutti i tag scomodi e sostituirli con... niente.
In questo modo la formattazione necessaria come gli heading tags (H1, H2, ecc), grassetti, corsivi e link saranno salvi.
Nell'immagine successiva il contenuto prima e dopo la pulizia.

`<h1><b>Cosa si intende per user experience?</b></h1>` <mark>`<span style="font-weight: 400;">`</mark> `?er "User Experience" (UX), si intende l'insieme delle </span><b>emozioni</ b><span style="font-weight: 400;">, le </ span><b>percezioni</b><span style="font-weight: 400;">, le </span><b>reazioni fisiche</b><span style="font-weight: 400;">, le </span><b>psicologiche</b><span style="font-weight: 400;">, i </span><b>comportamenti</b><span style="font-weight: 400;"> e le </span><b>scelte</ b><span style="font-weight: 400;"> che una persona sperimenta prima, durante e dopo l'utilizzo di un prodotto, sistema o servizio.</span><span style="font-weight: 400;"> </span><span style="font-weight: 400;"> Questo termine è particolarmente rilevante nel contesto del </ span><b>design digitale</b><span style="font-weight: 400;">, dove riguarda principalmente siti web, applicazioni software e dispositivi.</span>`	`<h1><b>Cosa si intende per user experience?</b></h1>` Per "User Experience" (UX), si intende l'insieme delle `<b>emozioni</b>`, le `<b>percezioni</b>`, le `<b>reazioni fisiche</b>` e `<b>psicologiche</b>`, i `<b>comportamenti</b>` e le `<b>scelte</b>` che una persona sperimenta prima, durante e dopo l'utilizzo di un prodotto, sistema o servizio. Questo termine è particolarmente rilevante nel contesto del `<b>design digitale</b>`, dove riguarda principalmente siti web, applicazioni software e dispositivi.
PRIMA DELLA PULIZIA	**DOPO LA PULIZIA**

Pulire il codice con Note è facile e veloce!

Purtroppo questa problematica è presente in svariati programmi di elaborazione testuale, ti conviene quindi prestare molta attenzione!

Se usi Wordpress ecco un piccolo trucco che può aiutarti a risolvere il problema in un batter d'occhio.

Copia il testo e incollalo in un nuovo articolo, assicurati di essere nella modalità "*Visuale*", in questo modo non perderai il markup utile.

Le schermate cambiano se si sta usando Gutenberg o Classic editor, in entrambi i casi il processo è molto semplice.

Se usi il plugin Classic Editor, la schermata sarà come la seguente, clicca su aggiungi nuovo articolo **(1)** e poi sul tab "*visuale*" **(2)**.

Se usi il Plugin Classic Editor

Dopo aver incollato clicca sul tab "*Testo*" per passare alla modalità "*Codice*"... et voilà, ecco il codice da pulire. Copia e incolla il tutto nella app Note e procedi alla pulizia con la funzionalità "*sostituisci*" come mostrato precedentemente.

Passando al tab "Testo" vedrai il codice

Se usi Gutenberg come editor, incolla il testo nell'area apposita e procedi come in figura per accedere alla schermata che mostra il codice, clicca sul menu **(1)** e poi su "*Editor del codice*" **(2)**.

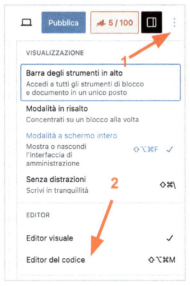

Se usi Gutenberg come editor in Wordpress

Non ti resta che copiare tutto il codice e procedere alla pulizia come spiegato poco fa.

Una volta che il codice sarà pulito dovrai semplicemente copiarlo e incollarlo di nuovo in Wordpress, nel tab "*Testo*".

Passa poi alla modalità "*Visuale*" per gli ultimi ritocchi, aggiungere le immagini, link interni e video.

Riassumendo il processo è il seguente.

Tutto il processo di pulizia del codice

Data entry con Wordpress

Il CMS più utilizzato al mondo è anche il più semplice da utilizzare... coincidenze?

Il data entry con Wordpress è un processo decisamente semplice, non ti spiegherò come procedere nel dettaglio.

Wordpress ha al suo interno Gutenberg, un editor visuale che ti permette di gestire i contenuti in modo semplice e veloce.

In alcuni casi, però, alcuni siti ospitano un plugin dal nome "*Classic Editor*" che riporta Wordpress al suo editor precedente, a mio parere molto più intuitivo e veloce da utilizzare.

Gutenberg e Classic Editor a confronto

In entrambe le situazioni, è sufficiente incollare il testo e il titolo negli spazi designati e cliccare su "*Pubblica*" per rendere il contenuto accessibile sul sito web, facendolo diventare visibile a tutti.

Troppo semplicistico? Si, mi hai beccato!
In effetti ci sono altri dettagli da controllare.

Data di pubblicazione

La data della pubblicazione è importante sia per gli utenti che per i motori di ricerca. Se stai riscrivendo un articolo allora la data di pubblicazione va sicuramente aggiornata.
I contenuti freschi sono sempre molto graditi.

Immagine in evidenza

Wordpress ti permette di impostare una immagine che rappresenta l'articolo o la pagina che stai pubblicando. L'immagine in evidenza viene utilizzata automaticamente quando, ad esempio, condividi il link sui social network.

Autore del contenuto

Sembra banale ma un autore può migliorare il posizionamento. Un autore che abbia un nome e cognome (e che sia reale) contribuisce ad accrescere l'E-E-A-T di Google.
Evita di inserire come autore un "*Admin*", ad esempio.

L'EEAT (Experience, Expertise, Authoritativeness, Trustworthiness) è un concetto introdotto da Google che valuta la qualità di un contenuto web in base all'esperienza dell'autore, alla sua competenza, autorevolezza e affidabilità.

Tassonomie

Associare il contenuto a categorie e tag è importantissimo per una corretta organizzazione dei contenuti all'interno di qualsiasi sito.

Breve approfondimento, ne vale della riuscita di ogni progetto web.

Una gestione oculata di categorie e tag non solo agevola l'utente che cerca di navigare il sito e trovare altri contenuti di suo interesse, ma aiuta anche nella SEO.

Grazie a una buona tassonomia, i motori di ricerca possono meglio comprendere la struttura del sito e i contenuti, migliorando così l'indicizzazione delle pagine.

le due si intersecano quando lavorano insieme per rendere la ricerca e la navigazione di contenuti specifici più intuitiva per gli utenti.

Le categorie sono utilizzate per definire i raggruppamenti principali e consentono di raggruppare i post in sezioni ampie e tematiche del sito.
Ad esempio, un blog di cucina potrebbe avere categorie come *"Ricette"*, *"Consigli di Cucina"*, *"Recensioni di Utensili"* e *"Diete Speciali"*.

I tag, d'altra parte, servono a specificare ulteriormente i dettagli dei contenuti e ad aiutare nella ricerca mirata all'interno di quelle categorie.
Possono rappresentare gli ingredienti di una ricetta (come *"pomodori"*, *"basilico"*, *"gluten-free"*), oppure spunti particolari trattati in un post (come *"cottura al forno"*, *"ricetta veloce"*, *"stile mediterraneo"*).

Un errore comune nei siti web, è inserire i tag negli articoli senza criterio, spesso a decine alla volta. Ogni volta che viene inserito un tag viene creata una tassonomia orizzontale e quindi un "contenitore"... come una categoria.

Mentre una categoria tende ad essere ampia e generale, fungendo da grande ombrello sotto il quale possono rientrare numerosi contenuti correlati, un tag dovrebbe essere specifico e mirato, concentrandosi su aspetti più dettagliati e specifici del contenuto.
Questo approccio permette agli utenti di navigare e trovare con maggiore facilità gli articoli e i post che rispondono esattamente ai loro interessi.

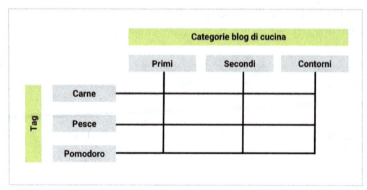

Esempio semplice di tassonomie per blog di cucina

Idealmente, al fine di garantire una strutturazione logica e una navigazione intuitiva del sito, ogni tassonomia dovrebbe racchiudere un gruppo ottimale di contenuti, di solito suggerito in un intervallo che va da **6 a 8 articoli**. Questo principio è valido tanto per i progetti editoriali, come i blog, dove le tassonomie aiutano i lettori a scoprire contenuti correlati, quanto per gli e-commerce, dove una classificazione azzeccata facilita la scoperta dei prodotti da parte degli utenti.

Un numero sufficiente di articoli o prodotti per categoria o tag aiuta a conferire autorevolezza e specificità alla tassonomia, rendendola significativa sia agli occhi dei visitatori sia per l'algoritmo dei motori di ricerca.

Link interni ed esterni

Inserisci link interni per migliorare la navigazione e trattenere gli utenti più a lungo sul sito, e verifica che tutti i link esterni siano funzionanti e affidabili per mantenere la fiducia dei tuoi visitatori.

I link interni devono essere ben contestualizzati e portare ad altri contenuti di valore.

I link esterni dovrebbero aprirsi in una nuova finestra ed essere "*nofollow*" nel caso il sito non sia autorevole.

Metadati

Controlla che la meta descrizione, il meta title siano inseriti. Questi elementi sono cruciali perché appaiono nei risultati di ricerca e influenzano il CTR (Click-Through Rate).

Esistono diversi plugin per Wordpress in grado di facilitare l'impresa, ti consiglio di utilizzare RankMath. Facile e completo, offre caratteristiche che la maggior parte di altri plugin ha a pagamento.

Anteprima e test

Prima di cliccare su "*Pubblica*", utilizza la funzione di anteprima di WordPress per vedere come appare il contenuto sul sito e su diversi dispositivi. Questo può aiutarti a individuare e correggere eventuali problemi di formattazione o di visualizzazione.

Comunichiamo con Google!

Testo: Ora che il nostro articolo è curato nei minimi dettagli e pubblicato, è il momento di notificarlo a Google. Ebbene sì, anche il primo motore di ricerca del mondo potrebbe non accorgersi del tuo contenuto, perduto in un mare di miliardi di altri articoli diffusi nella vastità del web.

Qui ci viene in aiuto uno strumento gratuito che lo stesso Google ci mette a disposizione, Google Search Console.

Google Search Console aiuta i gestori di siti web a controllare e ottimizzare il loro sito. Questo servizio permette di visualizzare analisi dettagliate sul traffico, identificare e risolvere problemi tecnici, inviare sitemaps per facilitare l'indicizzazione delle pagine e migliorare la visibilità generale del sito.

Questo strumento non è particolarmente complesso ma è necessario dedicare un adeguato periodo di tempo per familiarizzare con le sue funzionalità.

Come aggiungere una proprietà in Google Search Console

Spiegherò brevemente come attivarlo senza entrare troppo nei dettagli, in rete esistono centinaia di guide al riguardo. Puoi saltare questo passaggio se già possiedi una proprietà verificata.

Dopo aver fatto l'accesso alla piattaforma con qualsiasi account Google, bisognerà creare un account per monitorare il sito.
Per far ciò basta cliccare in alto a sinistra sul menu a tendina **(1)** e selezionare *"Aggiungi Proprietà"* **(2)**.

Aggiungi un sito in GSC

Nella finestra che si aprirà ti consiglio di verificare il dominio del sito web con la prima opzione "*Dominio*". Questo ti permetterà di non verificare tutte le varianti dello stesso dominio (con o senza www e https), molto comodo per una fase di consultazione... un po' rognoso da portare a termine. Inserisci il dominio come mostrato dal placeholder e premi "*Continua*".

Scegli di verificare con "Dominio"

Adesso non ti resta che copiare il record TXT dal pannello che si aprirà e incollarlo nella sezione apposita per la gestione dei record DN del tuo provider.

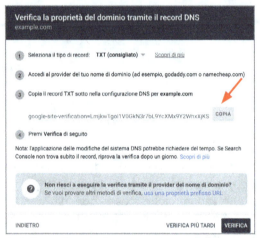

Copia il contenuto per il record DNS TXT che dovrai creare

Dovrai adesso recarti nel pannello Plesk o Cpanel e creare il record TXT. In Plesk trovi tutto sotto *"Hosting e DNS"* , *cliccando su "DNS".*

Accedi al pannello DNS

Nella schermata che si aprirà clicca su "*Aggiungi nuovo record*", per aprire il pannello di inserimento nel quale dovrai inserire il tipo di record (TXT) **(1)** e incollare il codice che GSC ti ha consegnato **(2)**, gli altri campi puoi lasciarli vuoti, conferma premendo "*Ok*".

Inserisci i dati come in figura e premi ok

Qui abbiamo terminato, puoi tornare in GSC e premere il pulsante "*Verifica*"

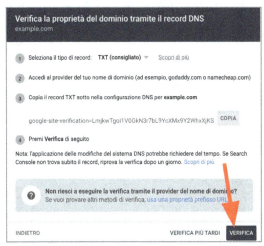

Premi "Verifica" per terminare la procedura

Se tutto è andato per il verso giusto dovresti avere un messaggio di conferma di un bel verde rassicurante.

Se, al contrario, dovesse esserci qualche errore probabilmente non hai sbagliato nulla... semplicemente le modifiche al pannello DNS possono impiegare molto tempo per diventare effettive, a volte anche giorni.

Pazienta un po' di tempo e riprova dopo un po'.

Comunica a Google il tuo nuovo contenuto!

Il contenuto freme per essere visto da Google, che aspetti?
Copia la url del contenuto pubblicato e incollala nella barra in alto in GSC, premi *"invio"* sulla tastiera.

Cerca la url del tuo contenuto pubblicato

Ti comparirà il messaggio che l'URL non si trova su Google, premi *"Richiesta di indicizzazione"* e attendi che la procedura finisca.

Richiedi l'indicizzazione del tuo contenuto

Dopo qualche istante, il crawler di Google avrà già visitato il link! Questo significa che potresti vedere il tuo contenuto già online domani, se ben ottimizzato e con le giuste strategie potresti vederlo in prima pagina in meno di 5 gg!

> *Devi comunicare il tuo contenuto in GSC anche se il contenuto era già esistente ed è stato riscritto, ricordati però di aggiornare la data di pubblicazione del contenuto!*

Per verificarlo ti basterà tornare in Google Search Console dopo qualche giorno e e controllare se il tuo contenuto è stato realmente indicizzato. Il processo rimane invariato: digita il link che desideri esaminare nella barra di ricerca posta in alto (assicurandoti di selezionare la proprietà corretta) e premi invio.

In caso di successo, apparirà un messaggio di conferma da parte di Google, segnalando che l'indicizzazione è stata completata con successo.

L'URL si trova su Google
Può comparire nei risultati della Ricerca Google (se non è soggetto a una richiesta di rimozione o azione manuale) con tutti i miglioramenti pertinenti. Scopri di più

Messaggio di avvenuta indicizzazione

Se hai rielaborato un articolo precedentemente pubblicato online, piattaforme quali Seozoom saranno in grado di mostrare i frutti del tuo lavoro già dal giorno dopo.

STEP 8
Misurazione e Fine tuning

Questo capitolo è parte integrante di questo framework, la misurazione l'analisi delle prestazioni e la presentazione dei risultati sono componenti essenziali.

Grazie alla reportistica è possibile valutare il nostro lavoro, i progressi ma non solo. Potremmo accorgerci di aver trascurato qualche aspetto, qualche parola chiave, qualche argomento.

Quello che bisogna fare prima di ogni cosa, però, è verificare se il nostro lavoro ha un immediato riscontro sui motori di ricerca.

Come capire se il nostro continuo ha fatto centro convincendo i motori di ricerca e, in un secondo tempo gli utenti?

Seozoom ci viene in aiuto con i suoi strumenti, grazie alle sue metriche è possibile verificare fin dalle prime ore se il motore di ricerca ha risposto positivamente.

È vero, Seozoom è una piattaforma che, come tante altre fa delle stime e non restituisce sempre dati esatti. Quello che ci interessa in questa fase però, è capire se c'è un riscontro in SERP, e questo è un dato certo.

Effettuare questa verifica è molto semplice, basterà accedere a Seozoom e cercare nella barra di ricerca **(1)** in alto, la url del contenuto che vuoi verificare. Seozoom verificherà che si tratta di una url dando conferma nel menu a tendina verde a destra della barra di ricerca. Cliccando "*Analizza*" , la piattaforma ci restituirà i dati in suo possesso.

Ti consiglio sempre di creare un progetto dentro Seozoom e di collegare Google Search Console e Google Analytics a Seozoom un modo da avere i dati più reali possibili.

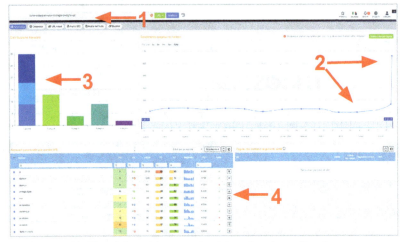

Verifica del posizionamento del contenuto realizzato

In questo caso la screen mostra un contenuto riscritto seguendo sempre il framework di questo libro. Come mostrato dalle frecce **(2)**, il contenuto aveva un andamento piatto e stabile che ha subìto una impennata dopo l'ottimizzazione. La freccia **(3)** mostra come le kw siano passate in prima pagina, confermando il successo della ottimizzazione.

Abbiamo avuto conferma che il lavoro svolto sul contenuto esistente è stato positivo, ma è ancora migliorabile?

La risposta è si, benvenuto nel fine tuning (ottimizzazione finale).

Il pannello mostrato dalla freccia **(4)** ci mostra tutte le parole chiave per le quali il nostro contenuto è stato indicizzato. Qui sotto un ingrandimento, cosa è utile osservare?

Come migliorare il contenuto appena riscritto

Quello che maggiormente è interessante da verificare sono le variazioni **(1)** di posizionamento delle parole chiave importanti per il contenuto e se sono presenti parole chiave per le quali il contenuto è posizionato ma... non inserite nell'articolo **(2)**.

(1) Se, come in questo caso, si è perso posizione su una o più parole chiave importanti per il nostro contenuto, sarebbe utile valutare se aumentare prominenza, rilevanza e frequenza delle stesse all'interno del contenuto.

(2) Se il contenuto è posizionato per parole chiave non presenti, allora vale sicuramente la pena aggiungerle nel testo e dare **conferma semantica al motore di ricerca**.

I motori di ricerca, infatti, "*comprendono*" sia l'argomento che le parole chiave e possono scegliere se posizionare o meno un contenuto anche se il contenuto stesso non ha al suo interno quella esatta parola chiave. Riescono pertanto a interpretare il contenuto di una pagina web e determinare la sua rilevanza per una ricerca.

Aggiungendo al testo, quindi, la parola chiave per la quale il contenuto è posizionato, è possibile rafforzare la rilevanza del contenuto stesso agli occhi del motore di ricerca.

Possiamo fare ancora un altro piccolo passo, verificare se la url intent è pienamente soddisfatta.

Nella stessa pagina puoi cliccare sul tab "*url intent*" **(1)**, Seozoom ti mostrerà nelle sezioni "*Keyword con stesso intent*" **(2)** e "*Topic Principali*" **(3)** gli argomenti e le parole chiave che il contenuto copre o meno.

Dovrai quindi integrare e migliorare nel contenuto ciò che manca in modo naturale rispettando sempre prominenza, rilevanza e frequenza.

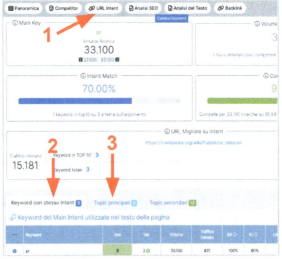

Controlla se l'url intent è soddisfatta

*Nel caso in cui il contenuto fosse un **evergreen** (un contenuto sempre valido), la fase di ottimizzazione è particolarmente rilevante. Gli evergreen più freschi sono sempre in cima!*

Il contenuto così ri-ottimizzato, deve essere suggerito in Google Search Console?

Dipende, se l'ultima ottimizzazione ha apportato modifiche rilevanti al contenuto ed è avvenuta dopo qualche tempo allora si.

Contrariamente lo sconsiglio, così come sconsiglio di richiedere indicizzazione troppo frequentemente per lo stesso contenuto. I Crawler dei motori di ricerca hanno un budget molto risicato per valutare se indicizzare o meno i contenuti. Farli tornare di frequente su un contenuto con poche variazioni dall'ultima visita rischia di avere un effetto negativo.

Il classico *"Al lupo! Al lupo!"*.

Comprendere i KPI

È fondamentale stabilire quali Key Performance Indicators (KPI) siano rilevanti per i nostri obiettivi. Questi possono variare da metriche che misurano la visibilità online, come le posizioni in classifica per determinate parole chiave, fino a misure più direttamente correlate agli obiettivi aziendali, come il tasso di conversione o il ritorno sull'investimento (ROI).

le Kpi variano in base al progetto e, in alcuni casi, al settore di riferimento.

Un **magazine o un blog** che fanno delle visualizzazioni il loro sistema di monetizzazione principale, dovranno principalmente misurare questo aspetto, monitorando metriche come il numero di pagine viste, il tempo medio sulla pagina e il tasso di rimbalzo. Questi dati forniscono una panoramica chiara su quanto il contenuto sia coinvolgente e su quanto efficacemente riesca a trattenere l'attenzione degli utenti.

D'altra parte, **un e-commerce** avrà un interesse diretto in KPI come il tasso di conversione, il valore medio dell'ordine o il tasso di abbandono del carrello. Questi indicatori sono vitali per valutare la performance delle pagine di prodotto e l'efficacia delle strategie di checkout. Monitorarli consente di identificare dove gli utenti potrebbero incontrare difficoltà nel processo di acquisto e dove intervenire per ottimizzare la conversione.

La scelta dei KPI da monitorare non deve mai essere statica. È essenziale rivedere periodicamente l'elenco degli indicatori di prestazione per assicurarsi che rimangano pertinenti all'evoluzione degli obiettivi del progetto e del mercato.

Anche **l'analisi competitiva** gioca un ruolo fondamentale nella scelta dei KPI. Capire quali metriche sono valorizzate dai concorrenti diretti può fornire spunti preziosi su quali dimensioni del business potrebbero essere più interessanti da monitorare e ottimizzare.

Scrivere contenuti che si posizionano, quindi, non basta. Tieni sempre a mente l'obiettivo:

- Aumentare le visite al sito?
- Aumentare i lead?
- Aumentare le vendite?
- Risolvere problemi di autorevolezza o indicizzazione?
- ...e così via.

Riflessioni finali

Desidero esprimere la mia sincera gratitudine per aver dedicato il tuo tempo alla lettura di questo libro. Il mio scopo principale è quello di fornire un approccio efficace per chi intende espandere le proprie competenze nel dinamico campo del Search Engine Optimization.

Il mondo del Search Engine Optimization è vasto e in continuo cambiamento, e ciò che abbiamo esplorato insieme rappresenta un framework, per definizione, adattabile al tuo modo di lavorare.

C'è sempre una nuova tecnica da esplorare, un'altra metrica da analizzare o un aggiornamento dell'algoritmo da comprendere. La passione per il miglioramento continuo è ciò che contraddistingue i professionisti SEO di successo.

Eppure, alcuni assiomi rimangono immutati: l'alta stima dei motori di ricerca per contenuti altamente qualitativi è uno di questi, un pilastro che non conosce tramonto nel tempo.

Se affronti sfide SEO o cerchi una guida esperta per il tuo progetto, non esitare a contattarmi, collaborare con un consulente esperto può trasformare le sfide in risultati tangibili.

L'Autore

Raoul Gargiulo è un SEO Specialist, Innovation Manager, Web Designer, Digital Marketer e Sviluppatore. La sua expertise si estende dall'ottimizzazione organica sui motori di ricerca alla creazione di soluzioni innovative in ambito digitale e comunicativo.

Dotato di una solida competenza tecnica e di esperienza approfondita in HTML, CSS, PHP e JS, unitamente a una spiccata passione per i motori di ricerca e per la comunicazione, possiede la capacità di affrontare e risolvere con efficacia un'ampia varietà di sfide nel settore digitale.

Porta avanti la visione che una presenza digitale strategica e ben curata sia cruciale per il successo in ogni settore, assicurando che i progetti non solo raggiungano ma superino le aspettative in termini di presenza online e performance.

Sito web: www.seonapsi.com
Email: r.gargiulo@seonapsi.com

Ringraziamenti

Un grazie speciale alla mia famiglia, per il loro amore incondizionato e il supporto costante in ogni fase della mia vita.

Ringrazio di cuore tutti i miei colleghi per la collaborazione, l'ispirazione e per aver contribuito alla mia crescita professionale. In particolare Luigi Massa che ha arricchito questo libro con le sue illustrazioni e la sua arte.

Un sentito grazie ai miei clienti, per la fiducia che continuano a mostrare nel mio lavoro.

Un ringraziamento immenso a tutte le persone che mi hanno supportato e "*sopportato*", il vostro sostegno è stato fondamentale per raggiungere ogni traguardo. Grazie di cuore!

Un grazie a tutti i fallimenti, ognuno di loro è stata una lezione preziosa. Questi momenti mi hanno insegnato, più di ogni successo, a riflettere, a crescere e ad affinare le mie capacità, rendendomi il professionista che sono oggi.

Risorse Aggiuntive

Se il tuo obiettivo è **generare una vasta quantità di descrizioni prodotto ottimizzate** per i motori di ricerca, inclusi i titoli, i meta-titoli e le metadescrizioni, indipendentemente dal numero, sia che si tratti di 5.000 o 80.000, sarai entusiasta di scoprire che **questo framework è stato integrato in un software** concepito da esperti in intelligenza artificiale. Questa soluzione software è progettata per automatizzare completamente il processo, tagliando drasticamente sia i tempi che i costi di produzione.

I risultati sono ottimi: migliaia di pagine indicizzate, aumento di traffico e vendite
Posizionare le pagine prodotto significa inondare le SERP di prodotti, l'ecommerce può essere trovato per centinaia di migliaia di parole chiave.

Il software è progettato per creare contenuti altamente personalizzati che rispecchiano fedelmente **l'identità del brand** dell'e-commerce, integrando tecniche di **comunicazione persuasiva**.
È inoltre dotato di grande flessibilità, adattandosi alle **esigenze peculiari di vari settori**, incluso quello farmaceutico. In quest'ultimo caso, il software è attentamente programmato per rispettare le restrizioni normative, assicurando che i messaggi promozionali siano conformi alle rigorose linee guida senza sollecitare direttamente all'acquisto.

Ma non è tutto, grazie alla collaborazione con professionisti di settore, il software funziona anche nel caso in cui l'e-commerce non avesse una base dati grazie alle sue **abilità di scraping**.

Questo software cambia le carte in tavola nella competizione sui motori di ricerca, riesce a risolvere problemi di indicizzazione (primissimo problema dei grandi store online), migliorare il posizionamento organico e l'esperienza di acquisto.

Questo ecommerce è passato da 5k a 25k prodotti indicizzati in meno di un mese!

Se sei incuriosito ti invito a contattarmi inquadrando il Qr code con il tuo smartphone o collegandoti al sito www.seonapsi.com

Note

www.ingramcontent.com/pod-product-compliance
Lightning Source LLC
LaVergne TN
LVHW051639050326
832903LV00022B/818